经典经济学
轻松读

卡尼曼：
行为经济学

[韩] 吴亨奎 著
[韩] 尹炳哲 绘
刘璐 译

中国科学技术出版社
·北京·

Behavioural Economy by Daniel Kahneman
©2022 Jaeum & Moeum Publishing Co.,LTD.
㈜자음과모음
Devised and produced by Jaeum & Moeum Publishing Co.,LTD., 325-20,
Hoedong-gil, Paju-si, Gyeonggi-do, 10881 Republic of Korea
Chinese Simplified Character rights arranged through Media Solutions Ltd Tokyo
Japan email:info@mediasolutions.jp in conjunction with CCA Beijing China
北京市版权局著作权合同登记 字图：01-2023-1605。

图书在版编目（CIP）数据

卡尼曼：行为经济学 /（韩）吴亨奎著；（韩）尹炳哲绘；刘璐译. -- 北京：中国科学技术出版社，2023.9
　ISBN 978-7-5236-0137-2

Ⅰ．①卡… Ⅱ．①吴… ②尹… ③刘… Ⅲ．①行为经济学 Ⅳ．① F069.9

中国国家版本馆 CIP 数据核字（2023）第 093506 号

策划编辑	申永刚　任长玉	封面设计	创研设
责任编辑	任长玉	责任校对	张晓莉
版式设计	蚂蚁设计	责任印制	李晓霖

出　　版	中国科学技术出版社
发　　行	中国科学技术出版社有限公司发行部
地　　址	北京市海淀区中关村南大街 16 号
邮　　编	100081
发行电话	010-62173865
传　　真	010-62173081
网　　址	http://www.cspbooks.com.cn

开　　本	787mm×1092mm　1/32
字　　数	87 千字
印　　张	8.5
版　　次	2023 年 9 月第 1 版
印　　次	2023 年 9 月第 1 次印刷
印　　刷	大厂回族自治县彩虹印刷有限公司
书　　号	ISBN 978-7-5236-0137-2 / F・1157
定　　价	59.00 元

（凡购买本社图书，如有缺页、倒页、脱页者，本社发行部负责调换）

序言

很高兴能和大家一起学习丹尼尔·卡尼曼（Daniel Kahneman）教授的行为经济学。卡尼曼这个名字可能对大家来说有点陌生，但近年来，行为经济学备受全世界瞩目，而卡尼曼则被认为是该学科的奠基者。那他到底有多出色呢？

大家可能读过近几年在国内外广受关注的《卧底经济学》（*The Undercover Economist*）、

《魔鬼经济学》(*Freakonomics*)、《怪诞行为学》(*Predictably Irrational*)等热门经济学类读物。毫不夸张地说，这些著作中的大部分，以及最新的经济学理论，均受到卡尼曼理论的影响。

美国哥伦比亚广播公司(CBS)曾这样评价道："如果说亚当·斯密(Adam Smith)是古典经济学之父的话，那丹尼尔·卡尼曼则可称为现代经济学之父。"这一说法恰到好处地表达了卡尼曼在世界经济学界的地位。

卡尼曼1934年出生于以色列，曾先后担任以色列希伯来大学、美国加利福尼亚大学伯克利分校心理学系教授，目前为美国普林斯顿大学名誉教授。2011年，卡尼曼虽已年近八十，但仍出版了其毕生杰作——《思考，快与慢》(*Thinking, Fast and Slow*)一书，并引起了广泛的反响。该书是集卡尼曼50余年研究成果于大成的优秀著作。《黑天鹅》的作者纳西姆·尼古拉斯·塔勒布（Nassim Nicholas Taleb）曾高度评价此书，称其"可与亚当·斯密的《国富论》和西格蒙德·弗洛伊德的《梦的解析》相媲美"。

作为一位心理学家，卡尼曼获得了2002年诺贝尔经济学奖，震惊了全世界。历届诺贝尔经济学奖得主中，仅有4位是"非经济学家"，而其中就包括卡尼曼。自亚当·斯密之后，主流经济学主宰了世界250余年，而卡尼曼却凭借其在心理学上的洞察力震撼了主流经济学的主导地位。

主流经济学以人类是做出"合理选择"的生物为前提展开其理论的。然而，卡尼曼则直接从正面否认了这一前提条件，他认为合理性这一出发点就是错误的。他毕生致力于研究人类在固定观念基础上的思维和偏差，尽管并非所有人类都是非理性的，但各种心理实验已经证明，合理性这一前提条件是不现实的。

卡尼曼观察到的人类往往因固定观念和快速判断（启发式）而产生偏差。有些情况下，人类会受直觉的束缚，因为直觉会让人类认为自己看到的就是真相。面对确确实实能获得利益的情况，人类会变得胆小，而相反，当利益受损几乎已经成为既定事实时，人们却会选择孤注一掷，铤而走险。有时，人们会根据自己的思维框架做出完全相反的选择，面对同样的事情，昨天和今天做出不同选择的情况也比比皆是。事实既是如此，那人类总是能做出合理选择这一前提条件是否是正确的呢?

然而这并不意味着卡尼曼只强调人类的不合理性,他仅否定了主流经济学所标榜的合理性这一概念。总而言之,卡尼曼认为人类普遍是理性的,只是这种理性多少有些缺陷。

每个人都会为自己的选择而感到满意,但也会有后悔的时候。明知故犯和无知而犯,是有着天壤之别的。卡尼曼的行为经济学知识启发我们,直觉思维是如何歪曲我们的选择的。希望本书能够帮助各位做出更好的选择和决策。

吴亨奎

> 独家访谈 | 丹尼尔·卡尼曼

"不确定状况下的判断"

记者： 今天我们将邀请行为经济学的创始人，被誉为"现代经济学之父"的丹尼尔·卡尼曼教授为我们讲一讲行为经济学。在本书的内容正式开始之前，我们先来跟教授聊一聊。

您好，我是本书的特约记者。很荣幸能见到您本人。可能还有一些人对您不太熟悉，您可否简短地做一下自我介绍？听说您出生在以色列，是吗？

卡尼曼： 是的。我1934年出生在以色列特拉维夫，我童年的大部分时间都是在法国度过的。我的父亲是一位杰出的化学家，所以我在一个比较富裕、学术氛围较为浓厚的环境中长大。但是，在我六岁那年（1940年），纳粹德国接管法国，我的父亲被抓进了犹太集中营。幸运的是，由于纳粹方面认为我父亲所进行的研究十分重要，他因此获释，但最终还是于1944年去世。第二次世界大战结束之前，我和母亲不得不过着东躲西藏的生活，直到1948年以色列建国，我才重新回到了祖国的怀抱。

记者： 原来如此。这样看来，您可是20世纪曲折历史的见证人啊。在经历了艰难的童年之后，请跟大家分享一下您的大学时光和经历吧。

卡尼曼： 我在耶路撒冷希伯来大学主修了心理学及数学。在大学学习期间，我和经济学基本不沾边，也从来没上过经济学的课程。1954年大学毕业后，我应征入伍，其间发扬专业知识，我开发了用于新兵选拔的人格测验表，并被广泛使用。退伍后，在希伯来大学的支持下，我于1961年在美国加利福尼亚大学伯克利分校就读并获得行为心理学博士学位。毕业后，我在希伯来大学担任讲师和教授一职，长达16年。之后，我于1978年前往加拿大不列颠哥伦比亚大学任教授。1986年，我任美国加利福尼亚大学伯克利分校教授，后于1993年起担任普林斯顿大学心理学教授。现在我上了年纪，就成了名誉教授，退居二线了。

记者： 自1961年至今，担任教授长达51年的岁月里，您没有感到厌倦吗？

卡尼曼： 看起来会厌倦吗？听上去可能很奇怪，我的爱好就是学习和看书，我看上去很无聊吧？但当你阅读我的论文和书籍，就不会有这种感觉。因为行为经济学的理论和心理学实验的例子充满趣味，每个人多少都能产生共鸣。我对这样的研究充满了兴趣，因而专心于此而心无旁骛。

记者： 提到您，就不得不提到您的老同事——阿莫斯·特沃斯基（Amos Tversky）。请问两位是如何认识的呢？

卡尼曼： 阿莫斯可以说是我终身的学术伙伴。人们一致称赞阿莫斯为他们"迄今为止见过的最聪明的人"。第一次和他见面是在1969年，那年我们在希伯来大学开始了共同研究。当真正见到他时，可以感受到他真的很聪明，而且能说会道，充满了魅力。直至1996年他因患癌症以享年59岁的年纪去世，我们一起共事长达27年之久。无论是漫步在大学校园，还是在实验室，抑或是在咖啡厅，我们总是讨论学术问题。后来，阿莫斯去了斯坦福大学，我则去了不列颠哥伦比亚大学，即使如此，我们一天也会通话好几次。所以，这几十年里，我们可谓形影不离。

记者： 当您于1993年前往普林斯顿大学以

后，您和特沃斯基教授的友谊还依然延续吧？

卡尼曼： 是的。但仅仅三年后，阿莫斯就不幸离开了我们。能遇到阿莫斯这样优秀又敬业的同事，真是再幸运不过的事情了。得益于此，我于2022年获得了诺贝尔经济学奖。遗憾的是，阿莫斯无法与我一起共享这一荣耀，因为诺贝尔奖无法颁给逝者。为了弥补这一点，我在2011年出版的《思考，快与慢》一书开头，就以"纪念阿莫斯·特沃斯基"为题的序言致敬阿莫斯。到现在，我也仍然时刻怀念着阿莫斯。

记者： 两位真是有着十分深厚的友谊啊。你们还以共同名义发布过研究结果吧？

卡尼曼： 我们获得博士学位在希伯来大

学任教期间，一起进行了关于判断与选择的研究。1974年我们在全球著名科学期刊《科学》(Science)上发表了题为《不确定状况下的判断：启发式和偏差》(Judgment under Uncertainty: Heuristics and Biases)的论文。接下来，又于1979年在数理经济学主要期刊《经济计量学》(Econometrica)上发表了关于选择的理论研究。

记者： 接下来，我们来了解一下您所研究的行为经济学。有人评价说您撼动了整个主流经济学的根基，这是为什么呢？

卡尼曼： 我本来是一名研究心理学的学者，也从没系统地学习过经济学。然而，可能我和阿莫斯的研究让经济学家们大受刺激了吧。经济学里认为人是理性的存在,但我们却否决了这一前提条件,所以他们感到震惊也是不无道理的。因为不管怎么观察,都会发现人们经常做出荒谬的判断和决定。然而在经济学中,许多学者将人类预设为与高性能计算机类似的"经济人",以此为出发点来展开理论,这与现实是背道而驰的。

记者: 听说您提出了价值函数来取代主流经济学中使用的效用函数,您能简单地介绍一下吗?

卡尼曼: 在经济学的效用函数中,绝对量决定效用。假设,哲秀原有4万韩元(约合人民币208元),后减少到3万韩元(约合人民币156元),英熙原有1万韩元(人民币约合52

元），后增加至2万韩元（约合人民币104元）。主流经济学仍然认为哲秀更加幸福。然而，比起拥有多少（绝对量），人们对变化了多少（变化量）反应更加敏感。这便是我提出的展望理论（prospect theory）中的价值函数。价值函数是主观认知对客观价值做出不同感知的函数。

记者：既然已经提到这里，那就请您再解释一下展望理论吧。

卡尼曼：展望理论认为，当人在作出选择时，会呈现出以下三种特征。正如上述哲秀和英熙的例子，一个人感受到的效用不是一个绝对量，而是以本来的状态为参照点，从而来区分得与失，存在"参照依赖"。温度从1摄氏度上升至4摄氏度，从21摄氏度上升至24摄度，同样是温度上升3摄氏度，后者的变化会让人感觉更加暖和。即随着客观价值的增加，主观价值的变化幅度则会随之减小，这一特性被称为"敏感度递减性"，这点可以联想一下"边际效用递减"规律。同时，即使是同样的1万韩元，亏损1万韩元的失望感，比赢利1万韩元的满足感要高出2到2.5倍。即同样损失带来的负效用是同量收益正效用的2到2.5倍。人们面对同样数量的收益和损失时，损失会造成情绪上更强烈的反应，这便是"损失厌恶"特性。所以归根结底，人们的选择并非主流经济学中所主张的那样具有理性，我的恩师赫伯特·西蒙（Herbert Simon）所建议的"有限合理性"则更为妥当。

记者：相同的价值，在不同的情况下，人们的感受也有所不同，这听上去相当有意思。那么，我们是否就可以将人类定义为非理性的生物呢？

卡尼曼：并非如此。我的研究并不否认

"人类是理性的"这一事实本身。在诺贝尔奖颁奖典礼致辞中,我也曾明确表达了这一观点。当时,我曾这样说道,"如果有人说我们(我和阿莫斯)的一系列研究是为了证明人类是非理性的,那我是绝对不会同意的。我们对启发式和偏差的研究只是为了否定合理性这一不切实际的前提。",换言之,我们的研究结果是人类虽然普遍是理性的,但这种理性往往具有认为所见即一切的缺陷,人类因此也会做出错误的判断与选择。不是有"人的情感就像是一头大象,而理智就像是一个骑象人"这样的说法吗?

记者: 您认为人们在判断或选择上经常出现错误的根本原因是什么?

卡尼曼： 人类的思维体系由两个系统构成：系统1和系统2。系统1指的是直觉，即快速的思考。系统2则指的是缓慢的思考，即对系统1的判断作出反馈，并进行深思熟虑。这两者相辅相成，却又独立运行。系统1在不自觉的情况下自动运行，系统2的特点则是冷静却又十分被动。问题源于人们认为所见即为一切，且具有容易模仿他人的倾向。即使信息十分有限，系统1也会根据这些信息在其认为合理的方向上做出快速判断。与此相反，系统2并不总是能对系统1的快速思考是否有误作出反馈。

记者： 在哪种情况下人们会变得不理性呢？请您举例说明一下。

卡尼曼： 由于成见和固定观念，人们倾向于乐观和过度自信，相信自己凡事都能成功。举个例子吧，事实上超过一半的创业者会在三年内倒闭。但是，没有一位创业者认为自己会在三年内倒闭的可能性超过50%。他们把这种不幸当成是别人的事情。群体非理性的影响也体现在经济泡沫这一现象上。无论是个人还是群体，如果他们独断专行、采取非理性的行为，并且不断反复，就会导致类似2000年年初互联网泡沫、2008年美国次贷危机的结果，并且这样的经济泡沫还将持续发生。

记者： 危机还会再次来临，这让人听了些许有点害怕。您的杰作《思考，快与慢》受到了各界的高度赞扬。纳西姆·尼古拉斯·塔勒布（Nassim Nicholas Taleb）甚至还将您和亚当·斯密和西格蒙德·弗洛伊德二位相媲美。

卡尼曼： 哈哈，过奖了。我怎么敢和亚当·斯密、弗洛伊德这两位学者相提并论呢？自从我和阿莫斯发表了第一篇论文之后，我们的朋友理查德·塞勒（Richard Thaler），以及保罗·斯洛维奇（Paul Slovic）、格尔德·吉仁泽（Gerd Gigerenzer）、罗伯特·扎荣茨（Robert Zajonc）、丹·艾瑞里（Dan Ariely）等知名学者就有条不紊地在行为经济学这一学术领域做出成果。我相信在未来，行为经济学定将不断发展，也希望各位能够继续关注行为经济学。

记者： 卡尼曼教授，感谢您今天在百忙之中接受我们的采访。

卡尼曼： 谢谢！

通过今天的采访，相信各位对丹尼尔·卡尼曼教授已经多少有了些了解。今天的采访就到此结束，接下来，本书的内容将正式开始展开。

目录

第一章 创造思维与错觉的系统 /1
摩西错觉 /3

快速的思维 VS 缓慢的思维 /10

爱屋及乌 /23

法官的难言之隐 /30

扩展知识丨佛罗里达效应 /36

第二章 启发式的陷阱 /41
启发式与算法式 /43

以貌取人 /49

谬误源于小数定律 /60

记忆可以操纵概率 /69

初见难忘 /77

其他启发式 /82

第三章 眼见为实：过度自信与偏差 /91
意料之中 /93

最有可能去天堂的人 /103

认为能够选好股票的错觉 /109

公式胜过模棱两可的预测 /117

内部视角和外部视角 / 120
扩展知识｜魔球理论和算法 / 128

第四章　摇摆不定的选择：展望理论 / 133

伯努利的失误 / 135

人是随机应变的 / 141

连经济学家都混淆的阿莱悖论 / 150

人们为何购买彩票 / 161

任何东西都舍不得给别人的原因 / 170

移动的爱情 / 177

第五章　内心思维的框架：框架效应 / 185

韩国队胜利还是日本队失利 / 187

瑞典86%，丹麦4% / 195

"挣钱"异于"赢钱" / 199

结局好，一切都好 / 205

最后通牒博弈和独裁者博弈 / 213

体验的自我 vs 记忆的自我 / 222

加利福尼亚的居民更幸福吗 / 229

扩展知识｜得铜牌比银牌更幸福 / 236

结语　心理学与经济学的伟大结合——行为经济学 / 239

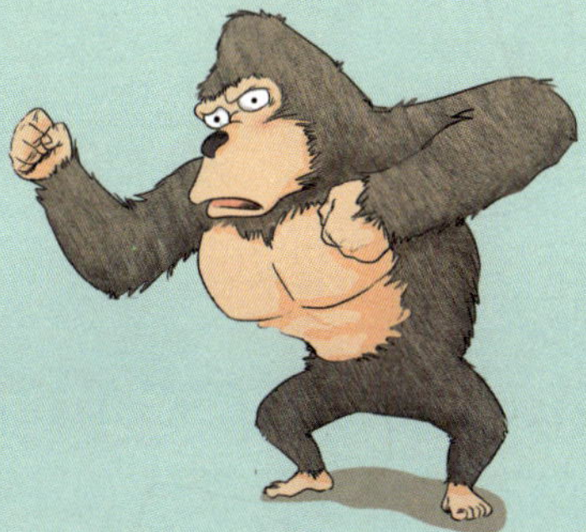

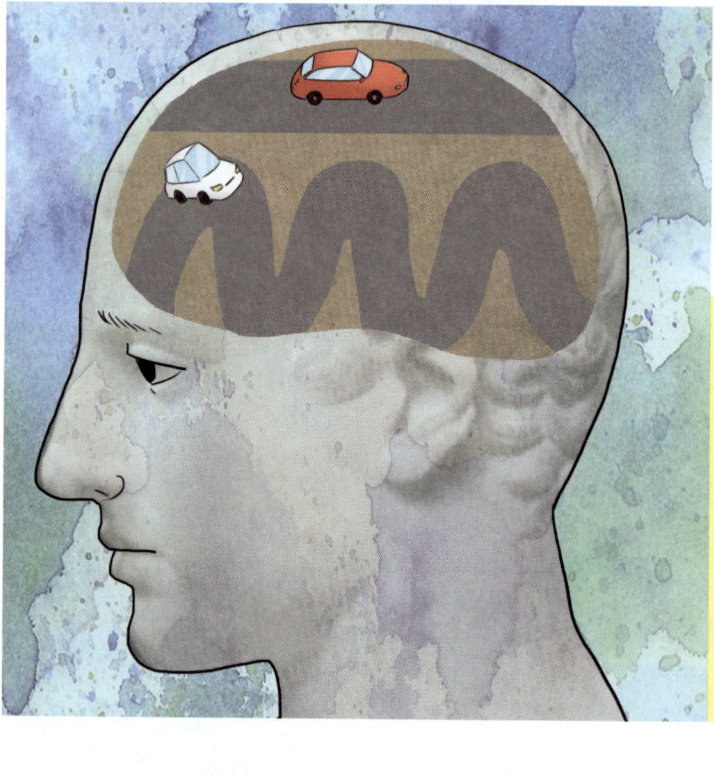

第一章

创造思维与错觉的系统

大多数人都过度自信,一味相信自己的直觉。然而,人类的直觉思维很容易出错。是什么原因导致我们出现错觉呢?接下来,让我们一起来探究大脑的认知体系吧。

摩西错觉

"下列两条线中,哪一条更长?"

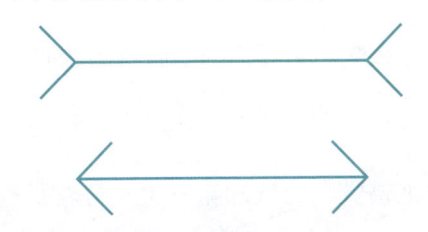

大多数人都应该遇到过这一问题。这便是有名的"缪勒－莱尔"错视,是由德国社会学家、心理学家弗朗茨·缪勒－莱尔(Franz Müller-Lyer)于1889年提出的。这幅著名的图像向我们证明了人眼是多么容易引发视觉上的错觉（即错视）。乍看上去，似乎我们很明显就能够区分出这两条水平线的长短差异。但当我们用尺子测量它们的长度时，就会神奇地发现两条水平线的长度相同。上述的视觉错觉其实是由这两条水平线两端的箭头方向导致的。有趣的是，即使测量了两条线的长度，知道它们是等长的，肉眼所见依然是上面那条线比较长，这又是为什么呢？是我们的眼睛有问题吗？

人类的错觉不仅只局限于视觉上的错觉，还有思维错觉，即认知错觉也十分常见的。我们来看下一个问题。

"摩西上方舟时，每种动物各带了几只？"

"当然是两只"，肯定很多人会这样回答。相反，却很少有人会立即意识到这个问题本身就是错误的。因为摩西并没有带动物上方舟，将动物带上方舟的是诺亚。因此，该问题也被称为"摩西错觉"。摩西和挪亚均是《旧约》中出现的人物，而且他们的名字都是两个字，正是这些记忆干扰我们做出准确的判断。接着我们再来做一个测试。

棒球棍和棒球的价格加起来为11000韩元，棒球棍比棒球贵10000韩元。那么，棒球的价格是多少？

各位的答案是多少呢？大部分人的回答是1000韩元。如果棒球是1000韩元的话，而棒球棍比棒球贵10000韩元，那么棒球棍的价格就应该为11000韩元。这样的话，两者加起来为

12000韩元。这说明这个答案是错的，正确答案应该是500韩元。

各位不要因为答错了而感到气馁。成千上万的美国大学生也参加了这一测试，结果令人惊讶。就连麻省理工学院、普林斯顿大学等美国最负盛名大学的学生也和各位一样，给出的答案是1000韩元。而在一般大学中，有80%的学生答错了这道题。所以，如果你一开始就答对这道问题的话，那你可以对自己充满信心了。

棒球棍和棒球的问题是卡尼曼和决策专家谢恩·弗雷德里克（Shane Frederick）共同研究判断理论时开发的一项认知反应测试。当人们遇到一个问题时，立刻浮现在脑海中的答案，也就是直觉所判断的答案很有可能是错误的，这值得我们探究。在接下来的内容里，我会继续告诉大家人们为何过于自信，并高度相信自己的直觉。我们再来看其他几个弗雷德里克开发的认知反应测试吧。

认知反应
个体接受、处理信息，并对信息作出反应的过程。

池塘里漂浮着荷叶，荷叶遮盖池塘的面积每天增加一倍，如果想要荷叶遮盖整个池塘则需要24天，那么荷叶遮盖池塘的一半需要多少天时间？

10台机器生产10件衣服需要10分钟。那么，100台机器生产100件衣服需要多长时间？

想必很多人都会回答是"12天"和"100分钟"。到底对吗？正确答案是"23天"和"10分钟"。第23天荷叶已经遮盖住了池塘的一半，到了第24天，荷叶遮盖的面积增加一倍，也就会遮盖住整个池塘。另外，由于10台机器生产10件衣服需要10分钟，所以1台机器生产1件衣服也需要10分钟。同理，使用100台机器生产100套衣服也需要10分钟。

一旦告诉你正确答案，就会立刻明白为什

么出错吧？一个人的直觉思维到底有多容易犯错，只需要再仔细地多思考一下就能得出正确答案，但

> **三段论式**
> 由两个含有一个共同项的性质判断作前提，得出一个新的性质判断为结论的演绎推理。

为什么又做不到呢。人的认知能力就是如此让人匪夷所思。接下来的问题，请在最短的时间内回答以下的三段论式（syllogism）在逻辑上是否合理。

所有的玫瑰都是花。

某些花枯萎得很快。

因此，某些玫瑰枯萎得也很快。

在一次课堂测试上，超过半数的学生认为该三段论式是合理的。但实际上，上述主张存

第一章 创造思维与错觉的系统 ◆ 9

在逻辑错误。因为"玫瑰是花"和"某些花枯萎的速度很快"这两个前提之间并不存在逻辑上的联系。因为枯萎得很快的花当中可能没有玫瑰。该实验充分说明了日常生活中的逻辑思维结果有可能不够准确。当人们相信一个结论是事实时，他们往往倾向于相信看似可以支撑该结论的主张。虽然不愿意承认，但这确实是人类认知系统中存在的不和谐的事实。

快速的思维 vs 缓慢的思维

我们所熟知的电影《无敌浩克》(*The Incredible Hulk*)上映于2008年，讲述了外表英俊的主人公在受到外界的冲击变得兴奋时，就会变成一个力大无穷的绿巨人的故事。

即使大家没有看过这部电影也能从照片

《无敌浩克》中的场景

里一眼看出，这个肌肉发达、如同怪物一般的男人看上去十分愤怒。而且也能轻易猜测出接下来他会采取什么行动，好像他马上就会大声喊叫并摧毁眼前的所有东西。各位只需要眼睛一瞟，就能够自然而然地联想到与之相关的内容，这便是我们头脑里典型的"快思考"。

当我们遇到"13×27"这一问题时，首先我们知道这是一道乘法运算。其次，虽然我们不是很确定，但也可以在短时间内得出答案不是1000或者151。除非我们使用纸和笔，并且花上一定的时间进行计算，不然很难坚信答案一定不是381。尾数"3×7"说明答案的个位一定是1，好像是正确的。如果没有心算能力，就很难在短时间内得出正确答案（正确答案是351）。该过程是属于在头脑中通过多个阶段，经过深思熟虑的"慢思考"的例子。

在做这样的计算题时，人们就会感到紧张，同时还会瞳孔放大，肌肉收缩，并有可能伴随血压上升和心跳加速。这种缓慢的思考是一种井然有序展开的精神活动，需要有意识地去对待和攻克，并且还需要付诸努力。

长期以来，心理学家就一直对人类感知事物的两种截然相反的思维模式产生了浓厚的兴趣。我将这两种思维模式分别命名为系统1和系统2。如果将这里的系统比喻成电脑的信息处理系统，就容易理解多了。大脑中的系统1可以快速轻松地工作。而与此相反，系统2就像复杂的计算题一样，是一种需要保持紧张和努力的精神活动。

系统1和系统2也有着不同的名称。心理学家理查德·塞勒称系统1为自动系统，系统2为深思系统。自动接受某个物体或现象的认知系统为系统1，而系统2则是经过仔细思考和分析之后接受的认知系统。正如塞勒解释的

深思
认真思考，深入考虑。

华氏度（°F）
　是温度的一种度量单位，以其发明者德国人加布里埃尔·丹尼尔·华伦海特（Gabriel Daniel Fahrenheit，1686—1736）命名。1724年，他发现液体金属水银比酒精更适宜制造温度计，以水银为测温介质，发明了玻璃水银温度计，选取氯化铵和冰水的混合物冰点温度作为温度计的零度，人体温度为温度计的100度。在标准大气压下，冰的熔点为32°F，水的沸点为212°F，中间有180等分，每等分为华氏1度，记作"1°F"。

第一章　创造思维与错觉的系统

那样，当以华氏度表示温度时，美国人就会使用自动系统；而当以摄氏度表示时，就要使用深思系统。而对于中国人来说正好相反吧？因为中国人更加熟悉摄氏温度，所以大致知道30摄氏度是有多热，却不清楚86华氏度到底有多热。

起初，我也犹豫过是否要将系统1称为自动系统，系统2称为深思系统。我之所以没有这样命名，是因为这种称谓比系统1、系统2要长，并且会占用大家更多的记忆空间，从而限制思考能力。以下内容则是属于系统1的自动活动。

● 当有人突然大声喊叫时，将注意力转移到他身上。

● 找出两个物体中，距离更远的物体。

- 从对方的声音中感受到亲切感。
- 说出"2+2"的答案。
- 读出大型招牌上的文字。
- 在空旷的高速公路上驾驶汽车。
- 将衣着得体、头发干净整洁,并且说话有礼貌的人判断成商务人士。

看到上述事例,你有什么感觉呢?在做出上述判断时,并不需要付出过多的努力。这是因为人类的系统1就像动物一样,具有与生俱来的能力。就好像司机根据导航仪驾驶一样,自然而然地就可以作出判断。然而,系统2的活动有一个共同点,即需要我们集中注意力,一旦注意力消失,该活动就会遭到破坏。我们来看接下来的几个例子。

- 百米赛跑时，等待起跑信号；
- 在嘈杂的房间中，将注意力集中于一个人的声音；
- 用语言解释复杂的数学公式；
- 在纸上记下朋友说的电话号码；
- 在停车场将车停在一个勉强能停下一辆车的狭窄空间内；
- 从推理小说中找出事件的伏笔。

在上述情况下，如果不把集中注意力放在首位，就无法取得良好的结果。系统2具有将记忆力和特别的注意功能进行编程，从而确保系统1顺畅运作的功能。例如，在人满为患的航站楼等候亲戚时，如果提前输入信息，说要寻找秃顶的男人或者穿红色连衣裙的女性，即使在远处也能够更加轻易地寻找到目标。

运动选手们坚持不懈地训练和练习，可以说是努力将系统2的缓慢判断转换为系统1的快速自动反应。例如，网球运动员们在估计对方选手每次发球的飞行路线后，从而选择是否接发球。一般情况下，职业网球男选手的发球速度远远超过200千米/小时。如果想尝试使用系统2来一一计算每次发球的角度、速度和旋转程度，就很难成功地接发球。因此，选手们不断练习，确认飞来的发球是在自己的左边还是右边，以使身体立即采取自动反应。归根结底，其目的在于通过训练最大限度地激活系统1。

接发球
指在网球或者乒乓球、排球等运动中，接过对方发的球后再回给对方。

然而，系统2的活动需要付出辛苦和努

力,而且很难同时执行多项活动。就好像人们很难一边在拥挤的道路上穿行,一边计算"13×29"这样的乘法运算。如果一个人过分关注于某件事情,就会在不知不觉中对周围的环境和状况视而不见。

克里斯托弗·查布利斯(Christopher Chabris)和丹尼尔·西蒙斯(Daniel Simons)共同编著的《看不见的大猩猩》(*The Invisible Gorilla*)一书中,描述了有趣的"看不见的大猩猩"实验。两位作者给人们展示了两支球队(分别身着白衬衫和黑衬衫的两支队伍)传递篮球的短视频,并让他们计算白队传球的次数。视频中,出现了一名身着大猩猩服装的学生一边慢悠悠地穿过球场,一边模仿大猩猩捶胸顿足,整个过程持续了9秒。

数千人参加了这项心理学实验，但在实验中，大约一半的人没有看见大猩猩。因为他们按照指示对黑队置之不理，集中注意力计算白队的传球次数。与此相反，没有接受该指令的人几乎都发现了大猩猩。

虽然观察和适应是系统1的特性，但是大脑对单独施加刺激的关注程度不同，其表现出的观察能力也会有所不同。那些没有看到大猩猩的人在得知实验结果后大吃一惊，甚至还坚称视频里面并没有出现过大猩猩。"看不见的大猩猩"实验提醒了我们一个重要的问题：人们有时甚至连显而易见的东西都看不到，而且也有可能不知道自己没有看见这一事实。

系统1虽然看起来松懈散漫，但有时其工作方式着实令人惊讶。看到下面两个词时，请

问首先在你脑海里浮现的是什么呢?

"苹果、腹泻"

在短短一两秒内,你的脑海中就会浮现出

很多事情。特别是一看到"腹泻"这个词，也许你会立即联想到不愉快的回忆和尴尬的情况，并因为恶心而作出皱眉等反应。也许你还会猜测有可能是苹果导致腹泻，于是一瞬间就对苹果产生厌恶感，但这种感觉很快就会消失。接着，大家的记忆状态会以不同的方式发生改变，让你更多地识别与腹泻相关的词语（比如恶臭和厕所），以及能够联想到苹果的词语（如红色），并作好准备以产生反应。

这一系列过程在指顾之间自然而然，而且毫不费力地发生，而这种反应也无法自行停止。词语会唤起我们的记忆，记忆则会诱导我们的感情，而感情使我们做出面部表情，并产生兴奋、逃避等不同的反应。这样的联想激活（associative activation）便是系统1的功能和作

> **或然性**
> 即概率，虽然不是绝对肯定的，但认为其有可能发生的特性。

用。突然浮现在脑海里的想法如同瀑布一般，在大脑中触发了连锁性的联想活动。就像上述的例子一样，系统1将两个词的简单组合归为因果关系，并将其视为最具或然性的现实反映。因为身体也会随之产生反应，所以就会出现情绪上的反应和身体上的畏缩。

首先出现在视野中的单词会影响后面单词的信息处理，这一现象被称为"启动效应"。当人们听到"白天"这个词时，就会联想到诸如"夜晚、明亮和太阳"之类的单词。

启动效应会以多种形式出现。人们看到"吃"这个词，自然就会联想到与食物相关的各种事物，比如米饭、泡菜、肉类、汤勺、脂肪、蛋白质、零食、减肥等。就好像往池塘里扔石头水面会激起层层涟漪一样，思想中的一小部分会被激活成一个庞大的联想网络。

在联想的网络中，交互连接（reciprocal link）现象是普遍发生的。我们在心情愉快的时候会露出微笑，而微笑的表情又会让我们开心。简单而平凡的手势也会在潜意识里影响我们的思维和感情。在一项实验中，让人们用耳机听音乐，让其中一半的人左右摇头，并让另一半的人上下点头。音乐结束后，让他们看报纸社论，发现比起左右摇头的人，上下点头的人更容易接受社论的主张。人们的想法如此容易改变，这难道不令人惊讶吗？

爱屋及乌

请比较下面的两个人。

哲秀：聪明、勤奋、易冲动、挑剔、固执、嫉妒心强

民秀：嫉妒心强、固执、挑剔、易冲动、勤勉、智慧

相比较于民秀，大多数人都会更加喜欢哲秀。这是因为首先被呈现出的特征会成为判断的重要标准。第一个特征甚至改变了接下来呈现的特征的含义。比如，像哲秀一样聪明的人即使固执己见，他的行为也会被合理化，人们会说是因为他有着坚定的信念，甚至可以诱发人们对他的尊敬之心。与此相反，像民秀一样嫉妒心强、冥顽不灵的人如果很聪明的话，人们反倒会觉得他是个危险人物。

即使我们在判断他人时，第一印象也会让

其他信息变得毫无意义。比如喜欢一个人，即使对他（她）的某些方面不甚了解，我们也倾向于将这些方面赋予积极、正面的特质，这种倾向被称为"晕轮效应"。举个例子，如果你被奥巴马演讲时的热情和声音所吸引，你有可能也会喜欢上他的政治理念。如果你被韩剧《大长今》中的主人公长今深深打动，那就极有可能认为其扮演者李英爱是长今在现实生活中的真实写照。相反，如果第一印象就讨厌某个人或事物，你就会讨厌这个人或事物的一切，这也是晕轮效应所导致的。综上所述，系统1创造的世界比现实世界更加连贯、更加简单的原因就是"晕轮效应"。

> **连贯**
> 即不矛盾、相互连接的意思。

晕轮效应也被称为首因效应，即人们第一

次接触到的信息会对其以后接触信息的整体印象产生强烈的影响。而与首因效应类似的现象还有情境效应(context effect)。例如，认为漂亮的孩子学习成绩好是锦上添花，而不好看的孩子学习成绩好是因为有惊人的毅力，这便是情境效应。一开始呈现出的信息(好不好看)为之后的信息(学习成绩好)提供处理背景，从而形成一个前后呼应(相互连贯)的情境。因此，系统1习惯于创建相互连贯的内容。

考试过程中，人们有时会遇到完全想不起正确答案的问题。在这种情况下，人们必然会依靠"认知安逸"(cognitive ease)来推测答案。认知安逸会让人产生一种熟悉的印象，而熟悉则会让人对此产生好感。因此，如果遇到一个熟悉的单词或例句，考生就会认为其有可能是正确答案。相反，如果觉得它很生疏，考生就会觉得它不是正确答案，而且这种直觉会愈发强烈。

人们如果在认知安逸的情况下做出判断，往往会不可避免地伴随着错觉。虽然系统1可以创造有助于信息处理的认知安逸，但这并不说明它会在信息不可靠时发出警报信号。大脑中的联想装置运转得越顺畅、越轻松，那么一旦信任建立起来，就越不容易被改变。

即使这种信任是有偏差或者有悖事实的，也不会有改变，而且有时反而会变得更加坚固。正所谓情人眼里出西施，恋人们会被爱情冲昏头脑，看不清对方的缺点。同理，如果一个人陷入邪教，无论别人拿出什么证据来反驳，他可能都难以自拔。所以说，似曾相识的情境与真实情况难以区分。

与认知安逸相反的现象被称为"认知紧张"（cognitive strain）。就像当人们看到乱七八糟的字迹、模糊的印刷、复杂的句子，就会双眉紧锁，表情中显露出不适。一旦进入认知紧张状态，人们就会产生戒心，并且疑心很重。与此同时，人们判断失误的可能性就会降低，但也会变得不像平时那样直观，且缺乏创意。这是因为认知紧张会激活系统2，使人重新思考系统1提出的直观答案。因此，要想最大限度地发挥创造力，最好让认知保持安逸的状态。

让人们相信谎言最好的方法就是不断地重复它。因为熟悉的情境会给人营造一种认知上的安逸感，并且具有不容易与事实进行区分的特征。这便是心理学家罗伯特·扎荣茨（Robert Zajonc）提出的"单纯曝光效应"。

对此，扎荣茨强调，重复对产生好感有重大的生物学意义，因为这一原理可以延伸到所有的动物身上。为了在危机四伏的世界上生存，生物会对新的刺激感到恐惧或者躲避新刺激，面对熟悉的刺激则会放松警惕，并且通过

此过程不断进化。熟悉感会使人对其产生好感，因此企业会投入昂贵的广告费，不断地进行广告宣传。而当出现自己喜欢的异性时，人们就会每天在上班路上制造偶遇的机会，这也是寄期望于单纯曝光效应的原因。

法官的难言之隐

系统1非常擅长处理日常事件，它对熟悉情况的反应和短期预测大部分都是相当准确的，可以说是既敏捷又恰合时宜。但是，系统1在特定情况下经常会出错，这便是"偏差"。在下一节中，我将为各位详细解读关于偏差的内容。

系统1属于自动反应的系统，因此无法自动停止运行。就像当有人从背后大声喊叫时，人们会自然而然转过头来。当你在电影院观看外国电影时,如果字幕中出现自己的母语,即使故意不看字幕,文字还是会映入眼帘。要想防止系统1引发的偏差和错误出现,就需要给自己传递信号,让自己认为处在认知雷区,并且放慢脚步,同时向系统2寻求更多的帮助。

然而,系统2与系统1的性质截然不同。最关键的特点在于,只有努力的时候,系统2才能正常运转。简而言之,系统2是懒惰的,也就是说,系统2十分忌讳付出不必要的努力。打个比方,系统2一般会以舒适的步行速度进行活动,但偶尔也会出现慢跑的速度,在极少数情况下会全力奔跑。例如,在玩报数游戏时,数字比较小的情况下,遇到3或3的倍数,人们很轻易地就可以判断出何时应该拍手跳过。但当数字超过三位数时,就很难区分出什么时候应该拍手。系统2运行的时间越长,人们就会感到越吃力,这时就需要付出更大的努力。

此情此景常常发生:一片草坪上即使贴有"请勿践踏"的标语,人们还是会接二连三地穿过草坪,过一段时间后,草坪里就会出现一条捷径。当达成一个目标的方法有很多种时,人们往往会偏爱最简单的方法,这一现象被称为"最省力法则"。无论是行动还是思考,人们通常都会寻找捷径,因为人们将努力视为一项成本投资。所以毫不夸张地说,懒惰,即企图减少努力是人之本性,而最省力法则不仅适用于体力劳动,而且还适用于大脑的认知努力。

保持意志力和自制力是一件让人感觉疲惫

和困难的事情。如果强迫自己做某件事情（比如熬夜学习或者一整天阅读一本难读的书），那么在下一个困难和挑战来临时，就会失去自制力或者干脆选择逃避。针对该现象，德国心理学家鲍迈斯特（Baumeister）将其命名为"自我损耗"。也就是说，保持意志力是需要在精神上有所投入的。如果继续保持意志或自制能力的话，身心疲倦也是理所应当的。这是因为所有自发性的努力，无论是情感上的、身体上的还是认知上的，都在一定程度上依赖于精神能量。按照最近的流行用语，自我损耗可以理解为"心态崩了"。

鲍迈斯特进行了一项实验，参与者被要求8个小时不能吃任何东西，然后被分成两组。一组成员吃烤好的巧克力饼干，另一组成员吃萝卜，并让这两个小组解答同一道数学题。结果，吃饼干的小组得分远远高于吃萝卜的小组。鲍迈斯特发现，需要付出努力的精神活动尤其需要消耗更多的葡萄糖。这也是为什么在学习不顺利时，喝一杯橙汁或柠檬汽水会很有帮助。

自我损耗甚至会影响重要的判断。在以色列，我曾查看过8位专门负责假释法官的判决结果，法官们允许囚犯假释申请的批准率平均为35%。然而，令人惊讶的是，法官们的批准率在不同时间段有相当大的差异。在饭后，法官们的假释申请批准率平均高达65%。相反，在用餐的两个小时前，批准率逐渐下降，到用餐之前几分钟，该数据几乎为零。这也证实了一个难以忽视的真相，即在又累又饿的情况下，法官们很容易拒绝假释申请。

心理学家乔纳森·海特（Jonathan Haidt）曾经提出过一个有趣的比喻：说人的道德是狗，理性是它的尾巴！狗可以追着咬它的尾巴，尾巴却不能追着咬狗。他的这一比喻并非空穴来风，问题是狗的头和尾巴是朝着相反方向的，大部分情况下，虽然头脑里已经明确地承认了事实，但身体和情绪却无法接受。甚至就连法官这样一群接受过逻辑和系统训练的专家集团，也不一定能做出一如既往的判断。

> **假释**
> 是被判处有期徒刑、无期徒刑的罪犯，在执行一定刑期之后，因其遵守监规，接受教育和改造，患有严重疾病或确有悔改表现，不致再危害社会，而有条件地将其予以提前释放的制度，这是一种刑罚执行方式。

> 扩展知识

佛罗里达效应

美国著名心理学家、纽约大学教授约翰·巴奇（John Bargh）就人类大脑在既定的环境中会产生什么样的错觉进行了多种实验。巴奇将学生分为A、B两组，他在一段时间内给A组展示了能让人联想到老年人的词，而B组则让他们看关于青春和年轻的词语。例如，他向A组展示了健忘症、秃顶、灰色、皱纹等词语，向B组展示了青春、活力、健康、彩色等词语。但这些学生都非常年轻,年龄在18到22岁之间。

巴奇接下来观察了学生走路的样子,发现A组的学生比B组的学生走得慢得多。像这样思维影响行动的现象称为"佛罗里达效应"。美国佛罗里达州终年天气温暖,阳光明媚,众多退休老人聚居于此,是闻名于世的养老胜地。当这些学生看到与老年人相关的字眼时,不知不觉中受到了影响,就会像老年人一样缓慢行走。所以说,人们在不知不觉会受其所见所闻的影响。

佛罗里达效应反过来也是能起作用的。在另一所大学,巴奇将他的实验进行了反向操作。他要求学生以平时走路速度的三分之一,即每小时30步的速度在房间内走动5分钟。经过这次短暂的体验，学生们识别与老年人相关词汇的速度也大大加快了。

在巴奇的实验中，"热咖啡效应"实验也很耐人寻味。公司招聘会上，给10位面试官中的5位送上热咖啡，而给另外5位摆上了冰可乐。在求职者、面试问题等其他条件都相同的情况下，人们比较面试官的评选结果，发现存在较大的差异。喝热咖啡的面试官给出合格的次数更多，而喝冰可乐的面试官则给出了更多的"不通过"。综上所述，人们的联想系统在很大程度上取决于事件的前后脉络和情境。

这里是错觉知识竞赛的比赛现场！请听第一个问题，请所有选手大声呼喊"灰姑娘"十次！

错觉知识竞赛

灰姑娘，灰姑娘，灰姑娘，灰姑娘，灰姑娘……

好了，现在请听题。《灰姑娘》中一共出现了几个小矮人？

七个小矮人！

啊，非常遗憾。《灰姑娘》中没有出现小矮人。七个小矮人是《白雪公主》里面的。

慢慢思考，谁都能答对这个问题，但人们的确很容易给出错误的答案。这种由思维错觉造成的错误，被称为"偏差"。

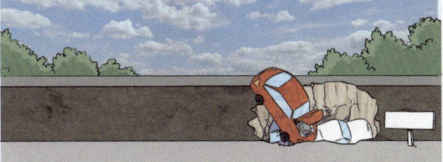

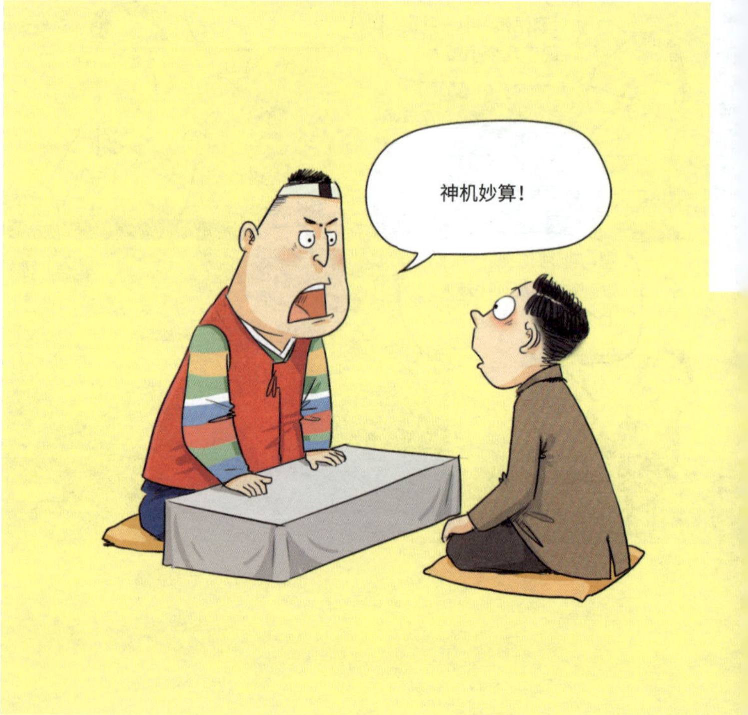
神机妙算！

第二章

启发式的陷阱

启发式是日常生活中当人面临不确定状况时，通过估算做出快速判断的一种方法。但这些启发式存在哪些陷阱呢？让我们通过有趣的故事来学习各种启发式的事例吧。

启发式与算法式

如果一个男人身材瘦长，戴着眼镜，穿着整洁的西装上了公共汽车。他的职业是上班族还是特技演员呢？恐怕没有人会认为他是特技演员。因为戴眼镜、穿西装是工薪阶层的典型形象。大多数情况下，这样的猜测是正确的。因为工薪阶层的人比特技演员要多千倍甚至万倍。

但一定是这样吗？特技演员也可能戴着

眼镜，穿着整齐的西装，也可能显得瘦长，并不是所有的特技演员都长得五大三粗、凶神恶煞。凭借"一看便知"的猜测（直觉）来快速判断通常是一个便利的方法，但有时也会出错。

我们在第一章中讲，人的思维系统中存在两个部分：第一个是系统1，即根据直觉进行快速思考的感性区域；另外一个部分是系统2，即通过冷静思考并得到领悟的理性区域。如果你有明确的线索和充分的时间，那么系统2就会被启动，但如果你没有上述条件，你肯定会马上凭直觉做出判断。当需要在不确定的状况下做出快速判断时，通过猜测做出判断的这一方法便称为"启发式"。

启发式本来是一个数学术语。该词源自希腊语，本意为"发现、寻找"。其实，要想把英语中的"heuristic"一词翻译过来，是一件很难的事情。如果非要翻译的话，"heuristic"一词可以被看成是解决问题时用到的简易方法或即兴推理等方法。《暗黑破坏神》(*Diablo*)、《星际争霸》(*StarCraft*)等网络游戏的设计也考虑到了人们常用的启发式。它通过提前计算人们在特定情况下会利用的启发式，设计出与人们的期待截然相反的情况。通过此方法，游戏开发商最大限度地降低了玩家们的可预测性。因为如果知道接下来将发生什么，那么游戏就会变得乏味无趣。

与启发式相反的，便是算法式。算法式这一概念再简单不过了：只要按照逻辑解决，就可以获得准确的答案。如果说算法式像一项复杂精细的计算机程序，是一个系统且有组织的过程，那么启发式便是快速且又直观的判断方法。1921年，爱因斯坦在其诺贝尔物理学奖获奖论文中使用了启发式一词，并用来表示"不完整却有用的方法"，这似乎是一个恰当的表达方式。

依靠直觉做出快速判断的启发式，可以说是人类从漫长的原始生活中习得的一项本能反应。人类的起源可以追溯到30万年前，新石器时代农业革命爆发之前，在长达将近29万年的时间里，人们以狩猎、采集等方式为生。人类总是暴露在意想不到的野兽、残酷的敌人，以及恶劣的自然灾害等威胁之中。如果眼前出现了一头长着獠牙的野兽该怎么办？这种情况下，人类是否还有闲暇的时间使用系统2来仔细思考面前是什么动物，以及它有什么样的本能呢？这时，只有不顾一切逃跑才是上策。为了能够在成千上万的威胁中生存下来，人类被激活的直觉印刻在基因里，然后代代相传，便形成了启发式。

一个民族经久不衰的智慧所积淀而成的谚语和格言可以称得上是真真正正的"启发式的宝库"。虽然这些谚语和格言不是经过验证的理论，但它对我们的生活起了很大的帮助。比如"众人拾柴火焰高"，虽然这句谚语并没有准确地描述现实中的物理现象，但很容易让人联想到协作的概念，这对现实生活来说已经足够有用了。

我们进行判断或选择时，无法一一检查所有重要的信息。这时，我们会使用基于经验和常识的即兴推理。例如，当我们看到一个戴着眼镜、身着整洁西装的男性，就会认为这个人是一个上班族，而这样的推理一点也不奇怪。通常情况下，这样的启发式方法是准确且又方便的。

由于启发式是凭借直觉的快速判断，因此其中存在着陷阱。在某种意义上来说，所谓的陷阱来自"所见非一切"。如果有足够的时间仔细思考的话，就可以运行系统2来验证（反馈）所看到的事物，如果不能的话，启发式就可能会产生错误。

> **行为经济学**
> 是丹尼尔·卡尼曼为解决主流经济学中的问题和矛盾而创立的。行为经济学拒绝主流经济学中理想式的理论和假设，通过经济学和心理学的结合来追求现实。

卡尼曼和特沃斯基一起对启发式进行了系统地研究，并于1974年发表了一篇名为《不确定状况下的判断：启发式和偏差》（*Judgment under Uncertainty: Heuristics and Biases*）的论文。现在这篇论文被认为是催生行为经济学的经典之作。而偏差则是启发式产生(造成)的结果或错误。

卡尼曼一共提出了三种启发式,分别是代表性启发式、可得性启发式以及锚定与调整启发式。这些术语听起来很陌生吗?但是,如果你仔细观察每种启发式的示例,就会发现它们并不难理解。因为这些启发式方法就是我们在现实生活中不知不觉使用过无数次的快速判断方法。

以貌取人

所谓代表性启发式是指根据某对象体现出的特定群体(样本)的典型属性(代表性)程度,来认定该对象属于该特定群体的估算方法。最常见的情况便是以貌取人。让我们来回想一下前面的例子,一个戴着眼镜、身穿整齐西装、身材瘦长的男性很好地体现了上班族的特征。换句话说，这样的形象具有极强的代表性。在这种情况下，代表性启发式就会成为有用的经济型推测技术。所谓固定观念，也可以看成是一种代表性启发式。

但是，这种推测技术也经常会出现失误。人们对大概率事件做出错误判断的原因也来自代表性启发式，即人们根据自己的经验、常识形成猜测（固定观念或成见），并快速做出判断。卡尼曼和特沃斯基针对此现象设计的实验被称为"琳达问题"。之所以设计琳达问题，是为了说明启发式与逻辑是如何冲突的。我们假设了一位名叫"琳达"的女性，现如今"琳达"已经成为行为经济学里的一个术语。琳达的简介如下：

琳达是一位31岁的单身女性。她非常聪明，说话习惯开门见山。大学时期，她主修哲学，对性别歧视和社会正义问题十分感兴趣，还曾参加过反核示威。下列哪项更有可能是现在的琳达呢？

（1）琳达现在是一家银行的柜员；
（2）琳达现在是一家银行的柜员，同时也是一名女权活动家。

参与实验的大学生中有85%～90%选择了选项（2）。这些参与者看了琳达的简介之后，就已经断定她是一名女权活动家，并得出了琳达既是一名女权活动家，又是一名银行柜台员工这一结论。然而我们可以发现，选项（2）其实是选项（1）的一个子集。比起既是女权活动家，又是银行柜员的情况，琳达是一名普通银行柜员的概率要大得多，这是合乎逻辑的。因为银行柜员中有很多都不是女权活动家。然而，大多数学生都被信息的具体性（女权活动家）所吸引，而忽视了概率的逻辑性，从而认为选项（2）更为合理。

一般概率（银行柜员）大于特殊概率（既是银行柜员，也是女权活动家），这是概率定律的基本法则。但是，与概率定律基本法则相悖，认为特殊概率高于一般概率的现象称为"合取谬误"。合取谬误是在人们根据代表性进行猜测判断时常常会发生的错误。

对此，行为经济学家约翰·A.李斯特（John A. List）在棒球卡片市场进行了一项实

验，发现了很有意思的结果。印有美国职业棒球大联盟明星球队或明星球员

> **竞标**
> 是有意购买商品的人给出他们各自想要的投标价格。

的卡片对韩国人来说可能比较陌生。但在美国，卡片越老，其交易价格就越贵，因此这些卡片十分具有收藏价值。在一场拍卖活动中，李斯特参与了两项商品的竞标，其中一套有10张昂贵的棒球卡片，而另一套是在第一套的基础上外加3张中低档价格棒球卡片的套装。在评估这两套商品时，人们都认为13张卡片组成的套装价值更高。然而，在对13张卡片的套装和10张卡片的套装进行投标时，后者的投标价格却更高。这是为什么呢？

这是因为人们在评估时仅比较了卡片套装的价值总和。当然，比起10张卡片来说，10

张卡片再外加3张卡片组成的13张卡片套装更有价值。然而在投标时，比起一组卡片的价值总和，人们更倾向于用每张卡片的价值进行判断。掺杂3张中低档卡片的卡片套装（13张），其每张卡片的平均价值肯定低于10张卡片组合的平均价值。这样的模式被称为"少即是多"。在琳达问题中，人们认为"琳达是银行柜员"的概率（一般概率）低于"琳达既是银行柜员，又是女权活动家"的概率（特殊概率），也与"少即是多"现象一脉相承。

代表性启发式产生的另一个偏差是忽视基础率（或基数）。基础率也称"先验概率"，是指最基础的概率。例如，男女比例、首尔人口、律师从业者人数等数据便是基础率。一项针对寒假期间感冒小学生的调查结果显示，感冒小学生中99%是12岁以下的儿童。面对这种情况，如果提出儿童更容易患感冒的假设，这种猜测是否合理呢？这便是忽略基础率的一个事例。因为小学生都是儿童，这个实验做不做结果都一样。

虽然人们患上致命疾病的概率极低，但人们凭直觉感受到的风险要比这一概率高很多。假设现在爆发了一种发病率为0.01%，但致死率为50%的疾病。也就是说，100万人中有100人会患上该疾病，其中有50人会因病死亡。大多数人往往会更加关注死亡率，也就是患上该疾病的人，两个人中就会有一个人因病死亡，却忽略了0.01%这一发病率（基础率）。例如，虽然牛海绵状脑病（俗称疯牛病）的发病率几乎为零，但由于忽视基础率，该病在社会上掀起了轩然大波。比起发病率，人们被患病后"缄默、呆滞，最终走向死亡"的罕见症状所吓倒。

忽视基础率的另一个著名且有趣的实验是三门问题，也称蒙提霍尔悖论。参赛者会看到三扇关闭的门，其中一扇门后面是名贵轿车，而另外两扇门后面则是普通的自行车。当参赛者选定了一扇门，但未去开启它的时候，节目主持人会开启剩下两扇门中的一扇，并露出其中一辆自行车。然后主持人会询问参赛者是否要换成另一扇仍然关着的门："只要你愿意，你可以改变你的选择。"这种情况下，参赛者到底该不该改变他们的选择呢？

这个问题与美国的电视娱乐节目《让我们做个交易吧》（*Let's Make a Deal*）相似，该节目于20世纪60年代首播,风靡美国近40余年。因为节目主持人是蒙提·霍尔（Monty Hall），于是三门问题就以其名字命名，称为蒙提霍尔悖论或蒙提霍尔问题。只是在该节目中，另外两扇门后面的不是自行车而是山羊。

我们重新回到三门问题上来。一共有三种可能性：

（1）由于还剩两扇门，因此概率是50%（无论是否改变选择，概率相同）；

（2）改变选择之后，赢得名贵轿车的可能性更大；

（3）最好不要改变选择。

大多数人的回答是不改变选择。然而，一

位女性专栏作家在被读者问及该问题时，曾建议读者要立即改变他们的选择。这个人便是玛丽莲·沃斯·莎凡特（Marilyn vos Savant），她是一位在《展示》（Parade）杂志上连载名为"向玛丽莲求教"（Ask Marilyn）的人气专栏作家。同时，莎凡特也是到2008年为止吉尼斯世界纪录认定的拥有最高智商的女性，其智商高达228。

在阅读了莎凡特的文章后，众多读者纷纷寄来抗议信。众多数学家与经济学家也给莎凡特寄了抗议信，其中就包括曾经撰写过1500余篇论文的数学家保罗·埃尔德什（Paul Erdős）。大部分的读者在抗议信中表示，50%的概率才是正确的，莎凡特的主张是错误的。正如大多数人所说，既然只剩下两扇门，那概率不就应该是50%吗？

但确实50%这一概率是错误的选择。如果改变选择，选中的概率会提高至三分之二，如果不改变，则只有三分之一的概率。因为如果在A、B、C三扇门中选择了A，那么通过A选中名贵轿车的概率则为三分之一，而B和C相加为三分之二，对吧？由于主持人已经打开B，剩下的C概率增加至三分之二，但A的概率仍然保持在三分之一。

那么我们再来看莎凡特给出的解释，就很容易理解了。

"我们假设眼前有100万扇门。如果您选择了1号门，知道门后面情况的主持人打开了除777号门以外的所有门。那么，您会快速前往第777号门吗？"

人类还没有进化到能够准确掌握概率的地步。通常，人们在获得中奖概率先验信息（三分之一）的情况下，如果再给他们提供一个新的信息（检查其中一扇门后面的情况），他们很可能会忽略或者忘记当初的中奖概率。这属于认知能力的缺陷，也就是说，直觉与现实之间是存在差距的。

谬误源于小数定律

在使用代表性启发式时，人们最常陷入的陷阱之一便是"赌徒谬误"。赌徒谬误是一种错误的直觉，让人认为随机偶然的结果会遵守既定规则。当我们抛硬币时，出现正面和背面的概率均为50%。这一数据意味着至少通过一千次、一万次，甚至是更多的实验收集到的概率为50%。所以并不是说，仅掷10次硬币，就一定能出现5次正面和5次背面。

每次抛硬币时，出现正面或背面本来就只是一个巧合。抛硬币的每个动作之间是不存在任何关联的。人们甚至都记不清刚才抛出的到底是正面，还是背面。即便如此，如果10次中有9次掷出了正面，那么人们通常会认为最后一次一定会出现背面，因为这已经违背了概率各为50%这一既定规律。人们会误认为每次抛硬币的尝试都代表着整体概率。

在解释赌徒谬误的同时，必定会出现"大数定律"和"小数定律"这两个概念。概率理论基本上是建立在大数定律上的。抛硬币的时候，出现正面和背面的概率为二分之一，但不是每次都一样的。只有抛掷成千上万次（即尝试的次数越多）才能收集到概率为二分之一这一数据，不是说仅仅抛掷10次（即尝试的次数较少）就能获得同样的结果。因为正面与背面出现7比3，甚至是10比0也不是不可能。当然，也有可能是5比5。

样本
从一个较大的群体中提取一部分，并对其进行调查，从而推断出总体性质的统计数据。

总体
是指作为统计观察对象的整个群体，研究者会从中抽取样本进行调查。

不过，人们还是坚信，既然出现了9次正面，那么最后一次一定为背面。即使样本量为较小的数，人们也认为它能代表总体性质，这样的谬误便是小数定律。赌徒谬误便源于过分地坚信小数定律。下面是一个针对新生儿展开的实验，它与大数定律有关。

一座城市里，有一家大型医院和一家小型

医院。大医院平均每天有45名新生儿出生，小医院平均每天有15名新生儿出生。其中，男婴的出生概率为50%，但有时一天会超过50%，有时一天远低于50%。那么，一年内男婴出生率为60%的天数，是大医院更多，还是小医院更多呢？

参与实验的95名大学生中，有21名回答是大医院，有21人回答是小医院，有53名回答两家医院几乎一样。但实际观察到的结果是，大医院男婴出生率为60%的天数为27天，而小医院则为55天。样本量较大的群体（大医院）获得的结果更接近50%。如果将实验时间延长至10年或20年，就会发现大医院所收集到的数据比小医院的数据更接近50%。这便是概率定律的基础——大数定律作用的结果。

统计学中被称为"回归均值"的现象亦是如此。如果存在非常高或非常低的异常现象，那么接下来出现趋于平均值的概率就会增大。不是说一次出现好结果，每次就都能出现好结果，出现一次坏结果也不能说明次次都是坏结果。回归均值也是由小数定律造成的谬误之一，这是因为人们误认为小数就代表整体的性质或概率。

在棒球领域，"击球天才"铃木一朗曾经缔造了职业生涯平均35%的安打率，但并不能说他总能打出35%的安打率。有时，他可以打出4次击球、4次安打的好成绩，但有时候也会出现4次击球、零安打的结果。然而，当铃木一朗在一个赛季击球400次时，就可以收集到他本赛季最终安打率的平均值。

昨天打了三个本垒打,今天居然一个也打不了! 这太不像话了!

在美国职业篮球联赛中,如果一名球员连续多次投篮成功的话,就会被称为"手热",并获得人们的关注。其他队友们就会频繁传球给"手热"的队员,对方球队也会将注意力集中在如何防守他上面。但是通过对数千次投篮数

第二章 启发式的陷阱 ◆ 65

据进行分析，结果显示，并不存在所谓的"手热"。每个选手的投篮成功率也存在差异。球员们投篮成功和失败的顺序只是随机出现的，就好像投掷硬币一样。当然，篮球教练们并不愿意承认这一事实。因为他们一直尝试在这一随机模式中找出某种特别的法则。

有一群学者对"手热"的现象十分感兴趣，他们分析了费城76人队在1980—1981年赛季的表现。一名球员投篮成功后，下一次再投篮成功的概率是多少呢？平均为51%。相反，投篮失败后，下一次投篮成功的概率又是多少呢？平均为54%，反而更高一些。这便是回归均值作用的结果。如今，我们可以说"手热"球员的投篮成功率和投硬币或掷骰子没有什么区别。相反，篮球中的"手热"球员应该被称为"手冷"球员才对。

除此之外，还有《体育画报》(Sports Illustrated)的"封面魔咒"。《体育画报》是世界最知名、发行量最大的体育杂志，出现在《体育画报》杂志封面上的运动员注定在下个赛季表现不佳。很多人认为，此魔咒是由于封面上的球员过度自信以及公众过高期望的压力造成的。一般登上封面的球员在本赛季表现得异常出色，但下一个赛季就会表现得不如上一赛季，只能恢复到平均水平。这就是变相因果关系，即人们将两个本没有因果关系的变量误认为它们之间存在因果关系。

此外，职业棒球解说员还常常会提到"二年级的诅咒"。即棒球运动员出道第一年表现不错，但由于傲慢、懒惰，以及受到对方投手的过多牵制，导致在第二年成绩有所下降。当然，这一定是有原因的。但是要想成绩逐年进步，是一件非常困难的事情。球员们的成绩往往会出现波动，因此将第二年成绩不佳看作是受回归均值的影响是较为合理的观点。

如果职业高尔夫球选手在锦标赛第一轮打出低于标准杆10杆，第二轮打得一团糟，这也是受回归均值影响的结果。即使对于高尔夫之王泰格·伍兹（Tiger Woods）来说，也很难在每轮比赛中都打出低于标准杆的成绩。如果你忽视回归均值，即忽视"这一次成功，接下来也有可能失败；上一秒失败，并不意味着下一刻就不能成功"这一现象，找出各种理由来搪塞的话，就会陷入"回归谬误"的陷阱中。

记忆可以操纵概率

对于美国好莱坞演员来说，离婚是一件再普通不过的事情了。连一代传奇影星伊丽莎白·泰勒（Elizabeth Taylor）都有过八段婚姻，她结过八次婚，又离过八次婚。然而，我们可能高估了演员们离婚的频率。因为媒体经常谈到著名演员离婚、政治人物的贿赂丑闻等引起大众注意的事件，人们就会觉得这类事件比实际发生得更频繁一些。

人们会夸大或高估特定范畴中实际事例的发生概率，这种趋势被称为可得性启发式或可得性偏差，因为这些实际事例极容易被人们从记忆中提取出来，即根据容易联想到的信息（记忆）轻松作出判断。显而易见，可得性就像字面意思一样，指能够轻易地从记忆里被提取出来。谷歌搜索引擎会在最上端显示用户最常搜索的关键词或数据，这便是可得性启发式的一个典型事例。

我们一起来看看卡尼曼和特沃斯基为证明可得性启发式而进行的实验。这是一个以篇幅为4页的小说（约2000个单词）为标准提出的问题。

（1）以7个字母组成，并以 ing 结尾的单词一共有多少个？

（2）以7个字母组成，且第六个字母为 n 的单词一共有多少个？

对于问题（1），受访者的答案是平均值为

13.4个，而问题（2）受访者给出的答案是平均值为4.7个。也就是说，以 ing 结尾的单词数量是第六个字母为 n 的单词数量的三倍左右。例如，我们能轻易地想到 running、evening 等单词。当然，有些单词既满足问题（1）也满足问题（2）。但是，有些单词虽然符合问题（2）但不符合问题（1）（例如 payment 等）。所以，当然是符合问题（2）的单词数量更多才对。这也是将特殊概率看成高于一般概率的合取谬误。

曾有一项研究是询问参与实验的夫妻们认为各自对家务的贡献度。这里的家务包括扔垃圾、洗碗、洗衣服、打扫卫生等。当逐条分析丈夫与妻子的各自贡献度时，人们发现他们的总贡献度超过了100%。这是因为丈夫和妻子会更加清楚地记得自己为家庭（家务）做出的贡献和努力，而非对方。这同样是由可得性偏差造成的。在工作中亦是如此，上班族们普遍认为虽然自己超额完成了工作，但公司和同事却并没有给予自己足够的认可。因为比起别人做的事情，一个人对自己所做的事情印象更深刻。

还有一项调查，理查德·塞勒（Richard Thaler）询问受访者们，在美国，自杀和他杀哪一种更为常见。大多数受访者表示他杀（谋杀）更多一点。然而，理查德·塞勒于1983年进行的一项实际调查结果显示，当年一共有24400人死于他杀，而一共发生了27300起自杀案，也就是说自杀更为常见。这种认知偏差是因为媒体经常报道可怕的谋杀案或连环杀手案件，但很少报道自杀事件，除非当事者是一位名人。

此外，虽然飞机失事造成的死亡率实际上远低于机动车事故，但人们的想法却与此相反，认为飞机事故的死亡率更高。因为如果飞机一旦失事，大部分情况是无一幸免（全员死亡），所以通常会作为重大新闻来报道。但车祸事故一般不会报道，除非造成了巨大的人员伤亡。媒体一般选择新鲜刺激的事情来报道，在影响大众关注的同时，反过来也会受到大众关注的影响，相当于媒体放大了记忆提取的可能性（可得性）。

如果某一事件能够轻易地被意象化（想象），那么也能够轻易地被从记忆中寻找出来。比起内容简单的文字或统计数据，个人经历、生动的案例或照片会更容易被记住。例如，在美国，哮喘造成的死亡人数是龙卷风等自然灾

害死亡人数的20倍，但人们普遍认为龙卷风造成的死亡人数更多。此外，意外事故造成的死亡人数仅为糖尿病造成的死亡人数的四分之一。然而，调查显示，人们认为意外死亡的概率是糖尿病死亡概率的300余倍。即使你周围有很多哮喘病患者或糖尿病患者，但当你看到遭受龙卷风袭击的废墟照片或可怕的事故视频时，你也会产生上述看法。

当我们使用可得性启发式提取记忆时，说到底还是最近的事件会留下更深刻的印象。最近发生事件的记忆对判断产生影响时，我们将该现象称为"高潮效应"。相反，我们对第一次听到的事件记忆更加深刻，则是因为首因效应。

不是只有个人会因为可得性启发式判断失误，公众也可能会混淆死亡率，他们对风险的反应也是具有倾向性的。这也是为什么政府或公共机构会不合理地、反复无常地调整各种公共政策的优先顺序。媒体琐碎地报道风险事故，引发大众的关注和恐慌，从而导致政府采取大规模措施，学者们把这一系列连锁反应称为"可得性层叠"。

如果社会陷入可得性层叠中，公众因某些事件产生过度的恐惧心理的话，科学家们为降低公众恐惧心理提出的意见就会被忽视。尤其是，如果他们表示风险是被夸大的，人们就会更加怀疑他们是在恶意试图隐匿某些事情。这也是艾滋病、埃博拉、严重急性呼吸综合征（SARS）和甲型流感等疫情暴发时反复出现的一种现象。这种情况下，公众基本不会接受科学解释，恐惧感会不断蔓延扩散。

恐怖组织也十分擅长引发可得性层叠，当人们忘得快差不多的时候，他们就会制造出一起大规模恐怖袭击，让世界陷入恐惧之中。

> **隐匿**
> 隐藏或掩饰。

"9·11"恐怖袭击等事件将人们的恐惧感掀到了高潮，美国政府机构、移民政策和出入境管理等方面的诸多政策由此发生了变化，也使美国的国家财政预算集中投放于此。

初见难忘

请在5秒之内回答出下列乘法运算的结果。

（1）$8 \times 7 \times 6 \times 5 \times 4 \times 3 \times 2 \times 1$

（2）$1 \times 2 \times 3 \times 4 \times 5 \times 6 \times 7 \times 8$

卡尼曼和特沃斯基进行了一项实验，将高中生分为两组，给了他们同一个问题，只是数字的排列顺序不同而已，但结果却千差万别。学生们算出问题（1）答案的平均值为2250，问题（2）答案的平均值则是512。而实际上这两个问题的正确答案都是40320。

如果时间充足的话，任何人都可以算出一个接近正确答案的数字。但该实验要求在5秒之内迅速解决问题，因此学生们计算了前几个数字相乘的结果，以此作为参考猜测剩下几个数的相乘结果，从而得出了答案。学生们给出的答案中，从较大数字开始的乘法运算结果是从较小数字开始的乘法运算结果的4倍，这是因为他们为前者设置的参考点较高。

在这种不确定的状况下进行预测时，首先设置一个参考点（或锚点），然后通过调整的方法得出预测值，这样的方法被称为"锚定与调整启发式"或"锚定启发式"。

与此相关，我们还使用"命运之轮"（wheel

of fortune）进行了实验。轮盘上标有从0到100的数字，但箭头经过预先处理，仅停留在10到65之间。转动轮盘后，让学生记录箭头停留的数字。紧接着进行下列两个提问。

联合国会员国中，非洲国家占比比你刚才记录的数字大还是小？

联合国会员国中，非洲国家占比是多少？

其实，轮盘停止时箭头指向的数字与上述问题完全无关。尽管如此，学生们还是无法忽视轮盘上的数字。看到数字10的学生给出的答案平均值为25%，而看到数字65的学生给出的答案平均值为45%。因此可以得出以下结论：与问题毫无关联的数字也会对判断产生影响(实验进行的当时,非洲国家在联合国会员国所占的实际比例为32%)。

利用锚定与调整启发式产生的这种判断失误或偏差称为"锚定效应"。就像船停在抛锚的地点一样,第一个输入的信息会在脑海里起到锚的作用,并继续影响其他判断。下锚时,船无法脱离锚链的范围。比如,面对"甘地去世时,其年龄是否超过114岁"的问题和"甘地去世时的年龄是35岁吗"这一问题,我们回答第一个问题时,预测的甘地死亡年龄必然会更高一点。

锚定效应在日常生活中也是屡见不鲜的。我们以低于标价或建议零售价的价格购买商品时,会觉得很实惠。因此,同样是价值2万韩元的衣服,相比于原价2万韩元购买的衣服,我们对打5折后用2万韩元购买的衣服(原价为

4万韩元)感到更满意。这是因为锚的位置分别是2万韩元和4万韩元,两者差异较大。

大型超市经常会举行限时销售活动。消费者在"每人限购10件"的限购活动时和没有限购活动时所展现出来的购买力截然不同。在举行限购活动时,通常消费者会购买更多的商品。他们觉得现在如果不买,商品好像就会断货,所以即使家里已经堆积成山了,促销活动还是会刺激他们的消费心理。此时,限量购买10件这一数字便成了锚点。其次,家庭购物时如果导购员宣布交易时间即将结束或者即将售罄,销售额就会进一步增加。另外,消费者经常看到的广告或者喜爱的品牌也会成为启发式,对他们选择商品产生影响。

其他启发式

除此之外,还有一些其他类型的启发式,虽然它们没有上述三种重要,但在日常生活中也十分常见。第一种是三维启发式。请大家看左边这幅画，右边的人看起来明显比左边大，因为这幅画采用了透视画法。

但是如果使用尺子测量，就会发现三者的大小是一样的。这是因为这幅画是通过透视画法完成，而不能单纯地将其理解为平面上的绘画。这也是为什么右侧的人物看起来更远且更大的原因。

之所以会产生这种错觉，是因为三维启发式发生了作用。图片中画有诱导人们对其进行三维解读的线索和迹象，在判断人物的大小时，本来应该忽视这些线索，但人类的感知却做不到这一点。并不是人的眼睛看错了，而是感知系统让人们陷入了错觉之中。

第二种是氛围启发式。请将注意力放在接下来这两道问题上。

"最近您感到有多幸福？"

"上个月您旅行了几次？"

经常旅行的人会感到更加幸福吗？实验结果证明，并非如此。当人们评价自己的幸福感时，旅游并非是他们考虑的首要因素，因为两个问题的相关性几乎为零。那如果我们把问题的顺序颠倒一下呢？

"上个月您旅行了几次？"

"最近您感到有多幸福？"

这种情况，你会得到截然相反的回答，旅行次数与幸福感的相关性会逐渐增加。只是调换了问题的顺序，为什么结果会完全不同呢？

因为第一个问题询问愉快的旅行经验时,受访者就会产生将旅行与幸福联系起来的情绪反应。但与此相反,如果是近期没有旅行的人,心中就会百感交集,感觉非常遗憾,开始思考自己最近的处境。所以第一个问题产生的情绪将继续停留在脑海中,并对接下来评估总体幸福感的问题产生影响。

事实上,幸福并不是轻易就能评价的,需要经过深思熟虑,但是旅行的次数是不需要经过过多思考就能回答的。例如,专门挑选一个父母心情好的时间,将一张糟糕的成绩单拿出来,便是一个寄期望于氛围启发式的行为。

第三种是情绪启发式,这是由心理学家保罗·斯洛维奇(Paul Slovic)提出的,即人们的好恶(喜欢或不喜欢)决定了他们对世界的信念。简而言之，情绪启发式就是一种"觉得好就说好"的想法。

例如，人们的政治取向通常会让他们对特定政党的选举承诺持肯定意见，对其反对党持反对意见。如果我们对现有的健康保险政策感到满意，那么就会认为目前的健康保险已经足够了，并认为相比其他替代方案，目前的保险保费会更实惠。在挑选产品时，如果看到高级、优质、有机食品等字样，就会更加青睐这些产品，这些现象都属于情绪启发式。

此外，还有德国心理学家格尔德·吉仁泽（Gerd Gigerenzer）提出的"再认知启发式"，即越是自己听说过的对象，评价时就会觉得其为正确答案的可能性越大。吉仁泽认为，通过启发式所做出的判断或决定会比经过长时间努力得出的答案更好。再认知启发式动用的是内心容易联想到的东西，这与可得性启发式一脉相通，因为可得性启发式的特征是越容易接近和读取的对象，其为正确答案的概率就越高。

为了证明这一说法，吉仁泽分别询问美国和德国的学生："圣迭戈和圣安东尼奥这两座美国城市中，哪座城市的人口更多？"尽管这两座城市都是美国本土城市，但美国学生的正确率只有62%，而德国学生中有78%的人听说过圣迭戈，只有不到4%的人听说过圣安东尼奥，听说过圣迭戈的德国学生全部答对了问题。

德国学生认为两座城市中，如果有一座城市他们听说过，而从未听过另一座城市的话，那么他们就会认为自己听说过的城市人口会更多。但是对于美国学生来说，这两座城市都十分熟悉，因此他们无法应用启发式做出判断。

这种心理模式使得知名企业在市场竞争中更占优势。这便是企业（或品牌）为成为顶级品牌而展开激烈竞争的原因。

> 我嘛，一看就知道你是来求什么的！

> 咳咳，想要填饱你的肚子不是件容易事！哎哟喂，你是得有多饿呀。

> 啥？您在说什么呀？这次我们公司成功进军中国市场，今天来是想问您我们应该在哪儿买地……

> 哦……那个，是这样的，嗯……

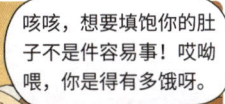

"以貌取人"是一种典型的启发式。它适用于具有特定群体属性的人。

贫穷 → 饥饿

即使是同样的价格，人们也倾向于挑选原本吊牌价更高的产品，这也是启发式的一种类型。这是能以低价购买昂贵产品的心理满足感产生的。这些不同类型的启发式在日常生活中极其常见。

建议零售价 2 万韩元

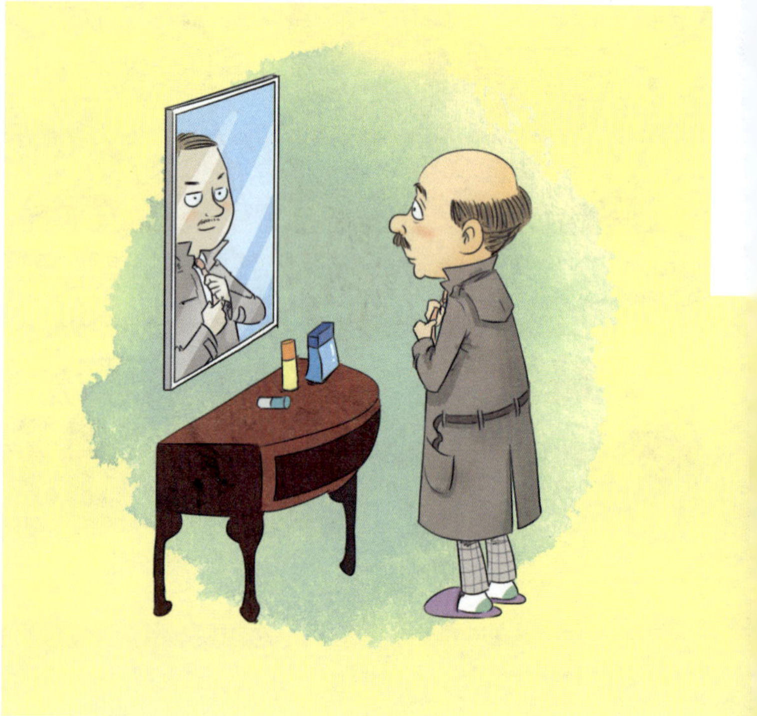

第三章

眼见为实：过度自信与偏差

有些人在事情发生后会说："我早就料到了。"就好像自己早已经预料到了这件事情一样。那么人类的预测到底有多准确呢？

意料之中

当缺乏信息时,为了能够快速地得出结论,头脑中的系统1就会运转。凭借有限的证据快速地得出结论,可以说是直觉思维的特征。因此,我将该特征命名为"WYSIATI"——英语"What You See Is All There Is"的简写,即"所见即为一切"的意思。因为我经常使用,"WYSIATI"现在成了一个心理学术语。

"WYSIATI"是自负与偏差产生的根源。自负是一种确信自己的判断或选择比实际情况更加正确、更加妥当的心理,也就是高估自己做事时的成功概率,而偏差则是指使用启发式方法获得的结果。

"WYSIATI"一共有三条规则。第一条,过度自信。人们有可能会在作出判断时丢失具有重要作用的证据,因为他们只相信眼见为实。

第二条,即使是同样的信息,呈现的方法不同,引发情绪的框架效应(该内容将稍后进行详细讲解)也会不同。例如,"90%无脂肪"的猪肉看起来要比"10%脂肪"的猪肉更具有吸引力。这是因为以无脂肪为噱头进行包装时,能够给人带来更加积极正面的印象。

第三条则是对上一章提到的基础率的忽视。如果有个男人胆小害羞,人们就很容易认为他的职业是图书馆管理员，而非农民。但是怎么也想不到的是，据统计，在美国，农民的人数竟然是图书馆管理员人数的20倍。这也是因为人们认为"所见即为一切"。

人类的头脑无法处理现实中没有发生的事件，相比于无数没有发生的事件，人们通常会更加关注现实中发生的令人吃惊的事件。这便是认知错觉。《黑天鹅》的作者纳西姆·尼古拉斯·塔勒布认为，人们会编造粗劣的故事来欺骗自己，相信它们是真实存在的。根据"WYSIATI"的规则，人们不得不把自己掌握的有限信息当作全部信息来进行思考和行动。他们根据有限的信息，创造出最具有可能性的故事，并坚信这是好的故事。这便意味着，一个人知道得越少（如果将其比喻为拼图游戏，那么拼图的块数越少），反而越能编造出前后吻合、像模像样（更符合情理）的故事。

2008年，国际金融危机爆发后，许多专家事前无意见，事后高谈阔论，称自己"早就料到危机会发生"，甚至有许多人表示自己在很久以前就察觉到了这一点。但实际上，即使

是专家，大多也没有完全意识到金融危机的爆发，可能也就只是含糊地提到了"也有可能发生吧"。如果是一个自始至终都保持悲观论的专家，至少有一次会猜到吧。

在知道结果后，认为自己早就预料到的心理现象被称为后见偏差（hindsight bias）。也就是出现问题时，人们会说"我早就知道会这样"，即使完全出乎意料，但在知道结果后，就好像在意料之内，从而改变自己过去记忆的错误行为。"hindsight"是"后见之明"的意思，如果事先预料到即将发生的事故，则是"foresight"，即"先见之明"。但遗憾的是，发生此情况的概率几乎为零。

在一项心理实验中，要求参与者推测推理小说家阿加莎·克里斯蒂（Agatha Christie）一生写了多少本书，参与者们推测出的平均值为51本。当实验人员告诉参与者正确答案是67本时，再让他们重新说出原来猜测的数量，结果平均值上升至了63本。人们在知道结果后，认为自己做出了接近正确答案预测的倾向会变得更加强烈。换句话说，后见偏差是指后来了解到的结果停留在记忆中，并高估自己事先预测的结果，或者干脆改变自己的记忆。

媒体报道也无法摆脱后见偏差的影响。几年前，韩国曾接连发生多起紧急事件：口蹄疫蔓延全国；绕城高速中洞[①]收费站附近非法停车场油罐车爆发火灾，从而引发交通混乱；釜山海云台超高层商住两用写字楼发生火灾事故。

[①] 韩国京畿道富川市一行政区划，富川市政府驻地。——译者注

当时，媒体头条中都不约而同地出现了"有预兆的人祸"几个字。

> **人祸**
> 人造成的祸害，与天灾相对。

当然，在大型事故背后，都无一例外地隐藏着经营者的贪得无厌、违法违规、主管部门的监管疏忽以及应对不力等情况，这些的的确确属于人祸。但是"有预兆"一词的使用让人摸不着头脑。尽管如此，媒体几乎无一例外地在事故发生后指责事故当事者缺乏安全意识，并表示事故是"有预兆"的人祸。如果媒体事先知道这些问题并预测到事故发生的话，就应该彻底对其进行警告，并劝告他们提前做出应对。但这种情况实属少见，在知道结果后，人们都会假装事先已经知道，并试图自圆其说。

后见偏差使媒体对决策人的评价变得刻

薄，因为它不是根据决策过程是否合理和妥当来评价的，而是通过结果的好坏来评价的。比如，面对因意外事故导致患者死亡的医疗纠纷，进行裁决的法官通常会说："其实这本来是一台危险的手术，医生应该更加慎重地考虑才对。"这不是用决策过程，而是用最终结果来判断过去的决定，这种心理现象称为"结果偏差"。

结果偏差与后见偏差是一对相互关联的概念，在生活中随处可见。就像训练师、医生、首席执行官、政治家、外交官等决策者，往往会因为结果偏差与后见偏差而被低估能力。如果跑垒训练师让跑垒员跑回本垒，但最终却导致跑垒员出局会怎么样呢？观众们会批评跑垒指导员，并认为这一糟糕的结果（跑垒员出局）

都是他的错，而且下次再发生类似情况时，人们就会怀疑跑垒训练师的能力。如果结果不好时，无论做出多么好的决定，都会受到批评，甚至以后就算决定是正确的，大家都不会再相信他。

美国明尼苏达州的港口城市杜鲁斯市曾以巨额费用聘请了一名全职洪水监测人员，我曾就这一问题询问过大学生们的意见。在进行实验之前，我提醒学生不要因为"后见之明"而歪曲他们的判断。我只向A组学生展示了市政府在做出决定时获得的证据，并询问他们认为是否需要聘用一名全职洪水监测人员时，只有24%的学生认为应该聘用。然后我又告诉B组学生因为垃圾堵塞河流，从而造成了巨大的洪水灾害，并询问他们是否应该聘用洪水监测员。尽管我已经提醒过让他们提防后见偏差，但B组还是有56%的学生表示应该聘用监测人员。

结果越可怕，事后聪明偏差就越强烈。2001年，"9·11"恐怖袭击事件爆发以后，所有人都认为政府官员无知、疏忽大意。但其实在7月10日，也就是事件发生的两个月前，美国中央情报局就曾收到情报，称基地组织可能正在策划针对美国的大规模袭击。当时的中央情报局局长将这一情报报告给了美国国务卿康多莉扎·赖斯（Condoleezza Rice）。后来该事实被曝光，《华盛顿邮报》（*The Washington Post*）就批评说："如果是一条足以撼动历史的重大情报，就应该立即向总统报告才对。"然而，在7月10日当时，谁都没有想到该情报会变成一件惊天动地的大事件。不，应该是中央情报局根本就摸不清到底是怎么回事儿。

后见偏差与结果偏差必然会助长人们规避风险的倾向。如果结果有可能变得糟糕，人们就会产生提前规避的心理。但是，对于那些喜欢孤注一掷，且不负责任的冒险者（如将军或经营者这类人）而言，这种倾向往往会给他们带来意料之外的褒奖。如果他们取得成功，人们就会以"具有胆识和远见"为由，给他们冠以"晕轮效应"的王冠。而那些暗地里怀疑过他们的人，就会被批评为心胸狭窄、懦弱的人。

最有可能去天堂的人

1997年，美国一家报社曾对"谁最有可能上天堂"进行了一项问卷调查。当时，受访者中有52%的人认为比尔·克林顿（Bill Clinton）总统最有可能上天堂，60%的答案是戴安娜王妃（Princess Diana），有66%的答案是著名电视节目主持人奥普拉·温弗瑞（Oprah Winfrey），而被天主教会封为圣人的特蕾莎修女（Blessed Teresa of Calcutta）则为79%。那么，谁是最有可能上天堂的人呢？出乎意料的是，答案竟然是受访者本人。高达87%的受访者认为自己才是最有可能上天堂的人。

人们往往会因为自以为是而失败或陷入窘境。心理学家爱德华·拉索（Edward Russo）和保罗·休梅克（Paul Schoemaker）曾对2000多名专家做过一项实验。99%的专家预测的自己的答案正确率高于实际正确率，这不禁让人想起"人有失手、马有失蹄"这一典故。在参加完选择题测试后，通常大家的实际分数会低于自己的预期分数，这是因为对于模棱两可的问题，大家都是随便乱猜的，但绝大多数情况下都是朝对自己有利的方向去猜。

这种过度乐观或过度自信的心理被称为"过度乐观主义"（overoptimism）。例如，80%的驾驶员认为自己比其他驾驶员驾驶得更好、更安全。人们都觉得在地震或雷电天气时，自己会很安全。这种过度乐观主义会使人产生"这种事儿怎么会发生在我身上"的想法，从而使人缺乏安全意识，对风险反应迟钝。

与女性相比，男性的过度乐观主义倾向更强。80%的男性在照镜子时都认为自己长得帅，而80%的女性则认为自己很胖，大家都听过这一说法吧？一项针对35000名在线股票交易者的分析研究显示,男性投资者买卖股票的频率要比女性高45%,这是因为男人对自己的决定更有信心。但实际上,据分析,女性的投资表现要比男性高出2.65个百分点,这可能是因为男性由于过度乐观,做出了一些错误的交易决定,结果把钱白白地浪费在了交易手续费上。

1943年成立于瑞典的宜家(IKEA)之所以能成为全球最大的家具制造商,或许也与过度自信有着千丝万缕的联系。《怪诞行为学》的作者,美国杜克大学的丹·艾瑞里(Dan Ariely)教授正是着眼于此,才创造了"宜家效应"一词。宜家商店不仅出售成品家具,同时还销售各种家具的组装材料,如果仔细查看产品说明书,虽然需要花费一些时间,但任何人都可以亲手制作家具。每次看到自己亲手做好的家具时，脸上都会不由自主地洋溢出幸福的微笑。

如上所述，人们通常会对自己亲自创造或制作的东西给予更高的评价，且获得更大的满足感。总的来说，宜家效应带来的影响是积极的。出于同样的原因，学生参与的授课要比填鸭式教育更有效果。但对自己的想法持乐观态度，并赋予更高的价值，往往容易走向歧途，因为一个人不管多聪明，多深思熟虑，也无法完美地考虑到实施过程中可能涉及的无数变数和风险，这便是宜家效应的负面影响。

当陷入过度乐观主义时，人们会盲目地相信自己的决定总是明智的，这会让人产生"控制错觉"，相信自己控制着所有事情。这是一种过度自信，就好像自己可以控制偶然或者随机决定的现象一样。观察在赌场里玩掷骰子游戏的人下赌注，我们会发现十分有趣的现象。在掷骰子之前，人们会痛快地下高额赌注。但骰子抛出去以后，人们就不怎么愿意下注，甚至在掷骰子之前，许多人还会双手合十将注意力集中在骰子上，就好像那样做，自己就能操纵骰子掷出想要的数字一样。

在美国，中小企业在5年之内能够存续下去的概率实际上只有不到35%。但企业家们似乎认为这一真实的统计数据并不适用于自己。当预测自己所创办的企业成功率为多少时，平均答案是60%，这几乎是实际概率的两倍。81%的企业家将自己事业的成功率定位70%以上，有33%的企业家甚至表示其失败的概率为零。

当过度乐观主义与控制错觉、后见偏差

接踵而至时，情况就会变得更糟糕。如果事情进展顺利，人们就会认为这是得益于自己的能力，而当事情出错时，人们往往会将责任归咎于他人或环境。

认为能够选好股票的错觉

股市中每天都有数以亿计的股票在交易，成千上万的人在买卖股票，一只股票的交易量有时能达到数百万股。有人买股票，就意味着有人卖股票。买方看多，认为股价低，后期更有上涨可能，而卖方会这样做，是因为他们看空，认为股价已经很高，后期会下跌。那么，为什么买卖双方对股票当前的价值会持截然相反的看法呢？这便是股市之谜。

之所以会出现这种现象，是因为股市中

的买卖双方都认为当前的股价是不合理的,所以觉得便宜的话就买,觉得贵的话就卖。每个人都认为自己很了解市场,但不幸的是,这种信念大部分源于错觉。我将其命名为"技术错觉"。具体来说，这是一种选股技巧的错觉，是一种人们对自己的能力（技术）过度自信的错觉，人们甚至都没有察觉到有时自己做出了错误的判断。

许多个人投资者（散户）在股票交易中持续蒙受损失，甚至有研究表明，个人投资者选择的股票比黑猩猩随机挑选的股票表现更差。我的学生，加州大学伯克利分校的特伦斯·奥丁（Terrance Odean）教授曾经分析过一家证券公司7年内10000个个人证券账户的163000余条交易记录，发现投资者们坚信他们购买的股票会比卖出的股票获得更高的回报。奥丁对投资者抛售股票和购买股票的年收益率进行了比较，结果显示，出售股票的收益率平均比购买股票的收益率高出3.2个百分点。当然，既然是平均水平，就说明有人比这赚得多，也有人低于这个水平。但是，与其相信自己的能力进行交易，还不如什么都别做。此外，频繁交易的投资者通常表现不佳，而交易较少的投资者则表现更佳。再加上，面对一些不太重要的事情，男性的反应反而比女性更加敏感，因此男性的投资表现往往不如女性。

个人投资者通常在买入股票之后，卖出估值上涨（股价上涨）的股票以实现赢利，继续持仓估值亏损（股价下跌）的股票，这是因为"损失厌恶"（loss aversion）倾向所导致。多项研究表明，人们对损失的情绪反应是同等规模收益的2到2.5倍。通常情况下，上涨的股票会继续上涨，而下跌的股票必然会进一步下跌。简而言之，个人投资者们在选择需要抛售的股票时，做出了错误的选择。

即使是专家也有投资不力的情况。事实表明，由专业投资者（基金经理人）管理的基金当中，每3个中就有2个低于年市场平均回报率，每年基金的回报率排名都会出现大幅波动。我曾分析过25位专业投资者在8年内的投资业绩，按照从第一年和第二年、第二年和第三年，直到第七年和第八年的顺序，以每两年为一组，来计算绩效的相关性。这样一共有28种组合方式，而它们的相关系数平均为0.01。因为数值几乎接近于0，因此视为没有相关性也无妨，这无异于随机用抛硬币来决定何时购买、何时出售。

当然，甄选股票并预测股价被视为一项技术含量较高的操作。事实上，专家们会对经济

> **经济指标**
> 可以根据不同领域来衡量生产、消费、贸易等各种与经济相关活动的统计数据。

指标、前景、企业财务报表[①]、管理层的资质、行业状况和竞争情况进行综合分析并评估。这个工作绝非易事,需要成年累月的训练。然而,虽然评估企业业务前景的技能可能是成功进行股票交易的必要条件,但这并不能成为充分条件。当然这也并不意味着分析和评价技能,以及掌握企业相关信息就一无是处,因为股票交易的核心取决于所掌握的企业信息是否已经反映在股票价格中。

我们可以像算命先生一样解释过去发生的事情(例如股价变动),而预测未来并不容易,但人们无法接受不能预测未来这一事实。模棱

[①] 财务报表是反映企业或预算单位一定时期资金、利润状况的会计报表,一般包括资产负债表、损益表、现金流量表。

两可的预测与似是而非的"今日运势"如出一辙。例如下面这则刊载在某日报上的运势。

属龙的人

1940年出生，不要胡思乱想，集中注意力。

1952年出生，放下贪念，放宽心态。

1964年出生，不要自满，即使别人看不到也要认真对待。

1976年出生，如果贪心的话，有可能会失去自己所拥有的东西。

1988年出生，三思而后行。

这些内容看上去没有什么奇怪的地方，有的人认为，这些内容刚好应验了自己的处境。但正如运势里所说的，每个人都可以告诉你要集中注意力，放宽心态，戒骄戒躁，不要贪心，三思而后行。因为只要照做，是绝对不会有坏处的。与其盲目相信并追随这些运势，倒不如掷骰子呢。

公式胜过模棱两可的预测

奥利·阿申菲尔特（Orley Ashenfelter）是一名经济学家，同时他酷爱葡萄酒，他曾使用简单的统计学方法来预测葡萄酒价值，这种方法比顶级葡萄酒专家的预测还准确。他通过法国波尔多葡萄酒的生产年份信息来预测葡萄酒的未来价值。这些葡萄酒即使来自同一葡萄园，价格也会因为酿造年份而千差万别，有时生产年份仅相差一年，价格就有可能相差10倍以上。因此只要预测准确，就会是一件非常有价值的事情，这也是葡萄酒专家年复一年预测葡萄酒未来价值的真正原因。

> **酿造年份**
> 指收获葡萄、酿制葡萄酒的年份。

阿申菲尔特通过三个天气特征，即夏季生

长期的平均温度、收获期的降水量，以及上一个冬季的总降水量制定了一个预测葡萄酒价格的统计公式。他的公式计算出的葡萄酒的未来价值和实际价格的相关性高于0.9。如果相关性为1的话，就表示是100%一致的，但没有一个葡萄酒专家的预测比这个公式更准确。

为何专家的预测还不如统计公式准确呢？这可能是因为专家在作出预测时注重的是要得出不同于他人的独特见解，从而致力于研究各项特征的复杂组合。另外，人在总结复杂信息并作出判断时，总是缺乏一贯性，当被要求对同样的信息做出判断时，经常会给出截然不同的答案。

有调查显示，丰富经验的放射科医生在解读 X 光片时，即使是同一张照片，在不同情况下作出不同解读的概率也高达20%。曾经有一项调查委托161名会计师对某公司内部自主会计审计的可靠性进行评价，并分析他们做出的审计结果，结果发现会计师们的审计结果并不是完全一致的，存在很大的差异。

越是专家，就越容易过度自信，认为自己是被选中的少数人群，能够做其他人做不到的事情。然而，专家们的预测准确性往往与简单的公式（算法）结果相似，甚至还不如公式准确。对于股价和经济增长的预测亦是如此。知道结果后，他们觉得自己之前就预测到了，但这只是"早就料到会这样"的错觉，也就是后见偏差而已。

当机器与人类战斗时，我们应该会站在人类同胞这一边。这是因为我们对影响人类算法的机器怀有敌意和排斥感。比起合成产品或人造产品,我们更偏爱天然有机产品,这可能也是出于这一原因。然而,越来越多的人认识到,像胆固醇数值这样的简单算法,其参考价值是非常有用的。现在公众也知道,在体育界做出重要决策(例如新人选手的年薪等)时,数据统计这样的算法往往胜过球探的判断力。

内部视角和外部视角

● 案例1:韩国从今年开始全面实施0～2岁的婴幼儿免费托育服务,目前托儿所盛况空前。根据韩国保健福祉部(即卫生部)的数据,13万名婴幼儿的父母向托儿所提交了申请书,部分托儿所候补名单高达数千人。去年之前,政府只对0～2岁婴幼儿家庭中年收入占中下游70%的家庭提供育儿补贴。但从今年开始,不管家庭收入如何,政府对他们的0～2岁婴幼儿均免费实施教育。由于家庭主妇间普遍存在"免费的东西不吃就是傻瓜"这一观念,导致目前寻找托儿所比登天还难。这样一来,就算想交钱上托儿所也是很不容易的。(《韩国经济新闻》2012年3月9日 社论)

● 案例2:世宗市陷入学校大混乱。世宗市韩松洞一所公寓是为了政府部门迁移,方便公务员居住而建造的。目前该小区由于缺乏学校而陷入混乱。原计划今年年底之前搬迁至此的4000余名公务员中,仅有400余名搬到了世宗地区。但由于学校设施不足,教育主管部门和学生家长都面露难色。(《今日忠清道》2012年11月23日 报道)

公务员在预测免费教育对象或世宗市学校入学名额,并制订管理计划的过程中,有没有想过会发生上述的情况呢?在案例1中,政府开始实施免费托育服务时,也只是根据当时托儿所可容纳人员进行了预算编制。但新政策是由政府免费照顾孩子,所以之前在家被照顾的孩子也都蜂拥而至。因此,即使是双职工夫妻想将孩子托付给托儿所,也要等上一到两年。而地方政府也因为保育人员的增加耗尽预算,从而不得不暂停免费托育服务。

案例2中,世宗市此前也曾预计当地的教育设施应该足以接纳移居公务员子女。但是,当地给学生分发苹果平板电脑消息

非法迁户

在韩国,这是指人们在不搬离实际居住地的情况下,为了让子女进入现居住地或其他学区的好学校,只变更居民身份证上地址的行为。这是典型的非法迁户行为。

的扩散后，附近地区居民也大量涌入，甚至不惜为此非法迁户。教室被围了个水泄不通，就连校长办公室也被拿来当教室用。

人们往往以当前的信息为基础，凭借主观判断预测未来，并制订计划。我们想一下"WYSIATI"的规则，即所见即一切。在计划和现实（实施过程）之间，存在着无数的变数。然而，大多数变数在规划阶段是想象不到的。因为无法在脑海里预见可能发生的所有变数，所以人们容易陷入过度乐观主义中。

人们对规划的结果过度乐观和过度自信的心理也会随之而来。这种心理被称为"规划谬误"。不管是政府、公司，还是个人都曾有过这种经历，但结果大都惨不忍睹。为什么会出现这样的错误呢？

所谓完美计划，其实从一开始就不存在。只是制订计划的人不知道这一点而已。在计划执行过程中，会不断出现新的变数，情况也会随之发生变化，这时就需要修改原计划。

制订计划的人之所以会陷入规划谬误，是因为他们不能接受其他人的不同观点。对他们来说，计划取得成功已经胸有成竹，但在别人看来，该行为注定面临失败。这样的结果源于内部视角和外部视角的差异。

当一个人仅从内部视角出发进行判断和选择时，就有可能出现规划谬误。开餐厅的人觉得自己成功的概率很大，不认为自己经营餐厅的能力差，他们也期待自己的餐厅能发展得更好。越是乐观的人，他们对风险的误判就会越多，他们倾向于认为自己是谨慎的，即使事实并非如此。

然而现实情况是，新开业的10家餐厅中就会有6家餐厅柜在三年内停业。如果这些餐厅的老板曾花费时间和精力去好好了解今后可能面临的问题和挑战，他们还会选择投入金钱和时间吗？如果提前知道会面临如此逆境的话，他们还会继续选择开餐厅吗？

但这并不意味着外部视角就是绝对准确的。要使外部视角发挥其价值，就必须提供所有人都能普遍接受的依据。如果你可以选择正确的参考来审查计划的可靠性，那么外部视角就必定会产生有用的结果。

但是，当自己的想法与外部视角不协调时，人们就很容易忽略外部视角。外部视角根本就拗不过内部视角。人们之所以接受外部视角，是为了获取来自其他项目（与自己计划相似的）的信息。这也算是克服和解决规划谬误的方法之一。

无论多么荒诞无稽的想法，如果信奉它的群体一起来维护的话，就可以变成一个坚定不移的信念。当一群有着相同想法的人聚在一起，在封闭的状态下分享各自意见时，就极容易陷入极端。哈佛大学教授卡斯·桑斯坦（Cass Sunstein）在其《极端的人群》（*Going to Extremes*）一书中将该现象命名为"群体极化"。他还曾和理查德·塞勒共同执笔写了《助推》（*Nudge*）一书。

群体极化现象可能经常发生在恐怖组织、三K党等种族主义者、游行示威队伍、工会、女权主义（Feminist）团体、陪审团，甚至某些特定股票的投资者等群体身上。当属于某个群体时，他们就会把平时自己一个人时不会做的事情付诸行动。简而言之，就是物以类聚，人以群分。在具有此种倾向的群体中，只有内部视角是有效的，外部视角是无法被接受的。

> **三K党（Ku Klux Klan，缩写为K.K.K.）**
>
> 是美国一个奉行白人至上主义以及歧视有色族裔运动的党派，也是美国种族主义的代表性组织。

> 扩展知识

魔球理论和算法

布拉德·皮特（Brad Pitt）主演的电影《点球成金》（*Moneyball*）是体现算法有用性的经典案例。影片改编自迈克尔·刘易斯（Michael Lewis）的同名畅销小说。主人公比利·比恩（Billy Beane）实际上是美国职业棒球联盟中的小球队——奥克兰竞技队的球队经理。该电影讲述了他创造了使常年排名靠后的奥克兰竞技队连续4年进入季后赛的奇迹过程。

在美国职业棒球大联盟中选拔球员时，球队通常会重点关注击球手的击球率和投球手的防御率。此外，一个球员的名声、热度、外貌也是重要的考虑因素。但是比恩经理采纳了棒球理论家比尔·詹姆斯（Bill James）的"魔球理论"，在选拔球员时，彻底摒弃了名声、热度和球探等主观意见，仅通过统计公式来聘请球员。而统计数据比起击球手的击球率，更重视上垒率和长打能力。对于投球手而言，更加强调每一回合上垒率，而不再是防御率，除此之外，统计数据还非常重视牺牲触击和偷垒。

通过上述方式选拔出的球员不仅没有热度，年薪低，而且年龄又大，甚至还有很多已经过气的选手。他们在其他球队是不受待见的无名之辈。然而，就是这些符合魔球公式的球员在2002年以20连胜的成绩刷新了职业棒球联赛的历史，最终成功进入季后赛。奥克兰运动家队全队年薪仅为4000万美元，是年薪最低的球队，它与纽约扬基队共同创下了当年获胜次数最多的纪录。但扬基队的全队年薪高达1.25亿美元，是奥克兰队的3倍之多。就连韩国的明星级棒球手朴赞浩遇到奥尔良队，也会经常陷入一场鏖战。

直接思维的特点是，在有限的结论下仓促地得出结论。即认为所见即一切。

相信自己的判断和选择会比实际更正确、更妥当，这样的心理被称为过度自信。过度自信有时会让人在作出判断时忽略重要的证据。

- 这是一根柱子。
- 这是一堵坚硬的墙。
- 湿湿的，而且还有风，这应该是一个洞穴。

所以就会误认为自己能够提前预料到即将发生的事情。

我早就知道会发生这种事！

说到过度自信，即使是专家也毫无例外。毕竟他们也是人。

获胜！

怎么回事儿？

过度自信和偏差会使人在做出决策时出现混乱。

合理性 ／ 过度自信和偏差

合理的决策

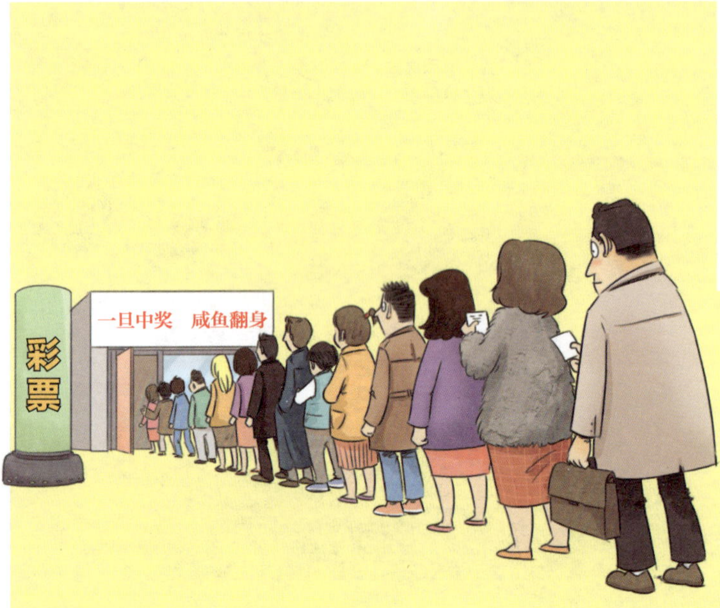
一旦中奖　咸鱼翻身
彩票

第四章

摇摆不定的选择：
展望理论

我们所熟知的经济学理论一般会根据盈亏等概念促使人们做出合理的选择。但人的想法却因时而异，所以很难设定一个明确的标准。本章中，我们将一起探讨因时而异的选择标准。

伯努利的失误

在漆黑的房间里点燃蜡烛，会让人感觉很明亮，在开着荧光灯的房间里点蜡烛，就不会感觉出变化。20摄氏度的室温，在冬天会让人感觉很暖和，但在夏天会让人感觉凉爽。同样的蜡烛，同样的温度，人们为什么会有如此不同的反应呢？

我们再换一个关于钱的假设。原本拥有100万韩元的人突然增加到了200万韩元，另一个人原本有900万韩元,增加到了1000万韩元,两个人的财产都增加了100万韩元。但他们两人是否有同样的满意度呢?

主流经济学中一般用效用来解释满意度。1738年,也就是亚当·斯密(Adam Smith)出版《国富论》的38年前,瑞士物理学家丹尼尔·伯努利(Daniel Bernoulli)就率先提出了"效用理论"。他认为,货币的主观价值可能会随目前拥有的资金数量而有所变化。换句话说,就是财富水平是通过效用来衡量的。

例如,从100万韩元增加到200万韩元,从900万韩元增加到1000万韩元,相同点在于都增加了100万韩元,但其效用(满意度)明显有差距。伯努利理论的关键在于,效用会随着财产的增加而增加,但效用的增幅会逐渐减少。因此，他认为，将价值10万韩元的礼物送给拥有100万韩元的人，其效用等同于将价值20万韩元的礼物送给拥有200万韩元的人。

当然，他的想法并没有错。伯努利可以说是边际效用递减规则的鼻祖。从长远来看，这一理论非常适合用来解释理性行为。伯努利的想法在18世纪一经提出就震惊了世人，这使之前仅通过期望值来评估效用的理论得到了进一步的发展。

但是，卡尼曼和特沃斯基发现伯努利犯了一个严重的错误，这便是所谓的"伯努利的错误"或"伯努利的失误"。因为他把焦点都锁定在了效用的增加上，却忽略了效用减少时人们的选择发生的改变。也就是说，他认为效用总是从"0"出发的。伯努利错过了一个再简单不过的道理，即一个人所判断的主观价值是根据自己拥有的东西（目前的状态）为标准，来衡量得与失的。让我们来看下面的例子。

今天，珉俊和泰熙各有500万韩元。但实际上，昨天珉俊有100万韩元，而泰熙有900万韩元。请问，珉俊和泰熙今天都会感到幸福吗？

按照伯努利的效用理论，珉俊和泰熙拥有同样的500万韩元，因此他们都应该拥有相同程度的幸福感。但任何人都能轻易地看出，事实并非如此。珉俊和泰熙的幸福感应该取决于他们目前拥有的财富与原来的参照点（珉俊有100万韩元，泰熙有900万韩元）相比发生的变化。即使拥有的财产状况相同，但各自的心理却是截然不同。即便泰熙现在拥有500万韩元，珉俊只有200万韩元，但珉俊还是要比泰熙感觉更幸福。而伯努利用效用尺度来评估财富水平时，无法解释为什么珉俊更幸福。

我们来做个假设，参加考试的学生 A 的期望分数是90分，学生 B 的期望分数是70分，但实际分数二人均为80分。那么，学生 A 对低于预期的分数会感到非常失望，学生 B 则会十分满意。这是因为学生 A 的参考分数是90分，而学生 B 是70分。如果学生 A 得了85分，学生 B 得了75分，学生 B 还是会比学生 A 感觉更快乐。

同样地，如果我们之前听到的声音是低声细语，现在的声音听起来可能十分洪亮，同样是这个音量，如果之前听到的声音是高声呐喊，现在则有可能会感觉非常低沉。想要预测

主观音量的大小，我们不仅需要知道分贝的绝对量，还需要知道比对的标准。即判断的标准是相对的，而不是绝对的。

更令我惊讶的是，即使伯努利的理论存在

着严重的谬误,但它依然拥有顽强的生命力。甚至有人比喻说,对于经济学家来说,效用就好似一个永恒的伴侣。我认为原因在于学者们的思维方式存在弱点。

这种现象被称为"理论诱导的盲区"。换句话说,一旦某个理论被接受并用作思考的工具,那么就很难发现该理论的问题。因此,一个理论一旦被采纳,就很难再被质疑。而且你越不信任它,系统2就越容易感到疲倦。

人是随机应变的

卡尼曼和特沃斯基注意到,哈利·马可维兹(Harry Markowitz)发表在1952年的论文曾试图解决伯努利的失误,马可维兹亦是1990年诺贝尔经济学奖得主,马可维兹在此篇论文中提出，与财产的状态（即绝对量）相比，效用与财产变化之间的关系更为紧密。他的这一理论直到25年后才引起人们的注意，其理论在经济学界引起了巨大的反响。

卡尼曼采纳了马可维兹的想法，并提出了"展望理论"，它其实就是关于选择的原理。卡尼曼和特沃斯基于1979年在数理经济学主要期刊《经济计量学》上发表了展望理论。这是一个关于人在存在风险的情况下如何作出选择的研究。简而言之，该理论的主要观点是"人会对变化作出反应，而且是随机应变的"。

最初，卡尼曼想将其命名为"价值理论"。比起名称的意义，他更希望大家能把该理论看作是一个不同于主流经济学的独立理论，所以无论是将其称为展望理论，还是期望理论、价值理论等，都无大碍。

通过展望理论，卡尼曼提出了价值函数，以及人们主观解释概率时出现的概率加权函数。其中，价值函数对应的是主流经济学中的效用函数（图4.1）。

首先，我们来观察一下价值函数代表的意义。在主流经济学中，效用函数图从原点（O）开始，越往右曲线的倾斜度就越平缓，这说明

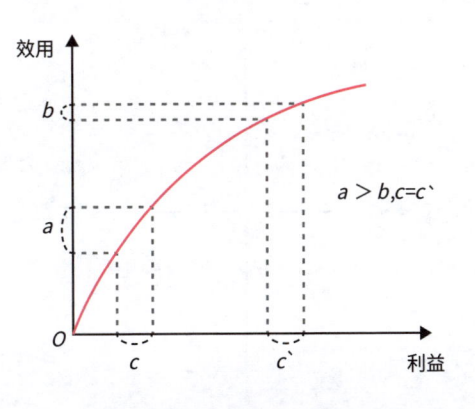

图4.1 效用理论中的效用函数

第四章 摇摆不定的选择：展望理论

随着利润的增加，边际效用的增加幅度会逐渐减小（即边际效用递减规则）。价值函数图也是一样，以原点为标准，越往右利润越增加，而越往左损失越增加（图4.2）。此时，原点就成了参考点，也就是比较盈亏的依据。而伯努利的观点之所以错误，就在于忽略了这一参考点。

人会对变化作出反应，并且有属于自己的价值函数来判断得失，而判断的根据是其内心

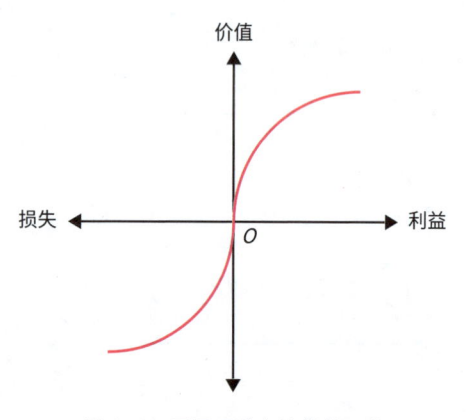

图4.2 展望理论中的价值函数

的一个参考点。该参考点并不是绝对的或已经定好的。因为它会随着人的心情,每时每刻都在变化。展望理论认为人具有三个认知特征,这些特征也是系统1的功能。

首先是"参考依赖"原理。这意味着对价值的主观评价不是绝对的,而是取决于其当前状态(参照点)的变化。假设面前分别有装满冷水、常温水和热水的三个水桶。先将双手分别放在冷水和热水中浸泡1分钟,然后再将双手一起放入常温水中。即使是同样的水,一只手会感到温暖,而另一只手则会感到冰冷。这就是因为从参照点改变的方向(变冷和变热)不同,感觉也会截然相反。

第二点是"敏感度递减"原理。这相当于是主流经济学中提出的边际效用递减概念的行为经济学版本。与感觉或财产变化一样，原本的刺激（金额）越大，所感知的变化程度就会越小。在黑暗的房间里，点燃一支蜡烛会让人感觉非常明亮，但在本来就很明亮的房间里面，就不会起到太大的作用。同理，900美元和1000美元之间的主观差异也远小于100美元和200美元之间的差异。当一个人在赌场输掉第一笔10美元之后，他通常会谨慎考虑是否再下10美元的注。但是，如果当他已经损失100美元后，可能就不会在意再次下注10美元了。

最后一点是"损失厌恶"原理。人们往往会感到损失远大于等额的收益。假如有这样一个游戏：掷硬币，如果正面朝上，则赢100韩元，如果反面朝上，则输100韩元。面对这样的游戏，很少有人会感兴趣，因为期望值为零。

要想让人们产生兴趣，至少收益应该略大于损失。投资股票的散户在进行股票交易时，如果比买入价格有所上涨，就会迅速将其抛售。而面对亏损的股票，他们会一直留着不卖，结果损失更大，这也是损失厌恶原理造成的结果。没有什么比遭受损失更为痛苦的事情了，所以人们会尽量拖延时间，希望痛苦来得更晚一点。

损失厌恶原理是随着人类的进化历史而产生的。因为将威胁看得比机会重要时，就会有更多生存和繁衍的机会。对于我们的祖先来说，比起捕食猎物的机会，他们更加重视受到野兽攻击的威胁。因为如果狩猎失败，可能只需被饿上一天，但如果被野兽攻击，可能生命就终结了。

根据上述三项原则，人的选择结果的价值

如图4.3。在展望理论中,价值的载体是利益和损失的心理价值。而在伯努利的理论中,效用的载体则是财产状态。该图是以原点为中心的S形图,原点为参考点。图形在靠近原点时,倾斜度较为陡峭,越往两侧伸展越为平缓,这也印证了敏感度递减的原理。此外,S形图并非上下对称,而是下方曲线的倾斜度更大,这

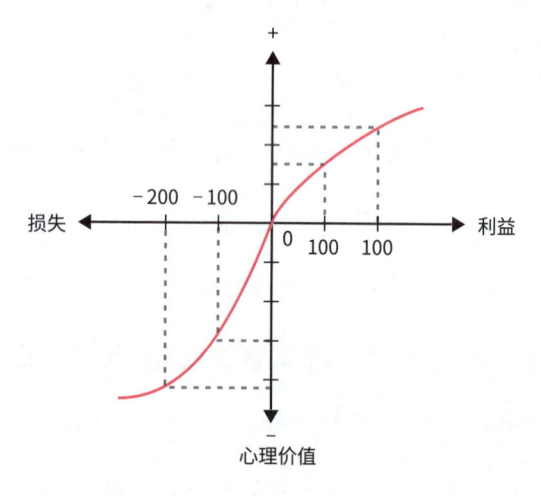

图4.3 反映损失厌恶原理的价值函数

说明人们对损失的感知更大，符合损失厌恶原理。该图展示了这样一种心理模式：即使是同样的100韩元，损失100韩元时产生的感觉也是获得100韩元感觉的两倍左右。

人类的选择往往是错综复杂的。虽然有机会获得利益，但也有可能会遭受损失。填报高考志愿时，到底是填A大学还是B大学；赌场上，是继续下注还是就此收手；在战争中，是进攻还是防御；面对选举，政治家是出马参选还是放弃——每个选择都有成功和失败的可能性，而人们通常会感觉损失大于利益。让我们通过下面的问题来掂量一下自己是有多么损失厌恶。

如果一场游戏输赢的概率是五五开，但输掉会损失10万韩元，那你认为要赢多少才愿意参与呢?

如果是你,会怎么选择呢?赢的钱至少要为亏损金额的两倍,这样才值得参与到游戏当中,这是大部分人的想法。我们通过一系列实验推算出的损失厌恶率(收益除以损失)平均为1.5到2.5。也就是说,一场游戏,如果输掉后的亏损金额为10万韩元时,赢的钱应该要在15万韩元到25万韩元,才能吸引人们参与其中。

连经济学家都混淆的阿莱悖论

1952年,经济学家们在法国召开了一场会议,与会代表们从经济学的角度讨论风险的相关内容。出席会议的包括保罗·萨缪尔森(Paul Samuelson)、肯尼斯·阿罗(Kenneth

Arrow)、米尔顿·弗里德曼（Milton Friedmann）等著名经济学家，三人均是诺贝尔经济学奖的获得者。对主流经济学"预期效用理论"持批判态度的阿莱（Allais）在会上进行了一个简短的实验。他询问在场的专家，面对下面的问题会做出怎样的选择。

（1）获得52万美元（约合人民币348.4万）的概率为61%，而获得50万美元（约合人民币335万）的概率为63%；

（2）获得52万美元的概率为98%，而获得50万美元的概率为100%。

大部分与会者在（1）中选择了前者，在（2）中选择了后者。就连崇尚预期效用理论的著名经济学家也给出了前后如此不一致的答案。根据预期效用理论，一个人的偏好应该是始终如一的。但是这些人却做出了前后不一致的选择，有违理性选择的规则。那么我们来看看其中的理由。

人们在（1）中选择前者是因为概率上的差异（61%和63%）微乎其微，他们更加关注获奖时奖金之间的差异（52万美元和50万美元）。那么问题来了，如果这些人在（1）中选择了前者，那么他们在（2）中也应该选择前者，这样才符合逻辑。两个情况中前一个选项的概率变化（61%→98%）和后一个选项之间的概率变化（63%→100%）是相同的，而选择前者可获得52万美元，选择后者可获得50万美元，按理当然应该选前者，但大多数人都选择了后面的选项。在(2)中，比起奖金的差异，概率似乎更具有吸引力。61%和63%，98%和100%，同样都只相差两个百分点，但是(2)中的概率100%意味着一定可以赢得奖金，这更能吸引人选择该选项。

阿莱把即使金额较少，但人们更偏好确定性的事情这一现象命名为"确定性效应"，这种现象与预期效用理论相反。后来，学者们更习惯于以其发现者命名，将该现象称为"阿莱悖论"。

阿莱悖论表明，人们不单单将概率看成一个数值，而是会给它赋予一个权重来诠释概率。基于此观点，我曾进行过一个研究，来解释人们对赌博偏好程度的决策权重（decision weight）。决策权重是指随概率高低而变化的人

权重

即针对个别项目赋予的重要度。

的主观概率。

通过表4.1可以看出，在0和100%这两种极端情况下，决策权重和概率是完全相同的，但靠近这两个极端的概率和决策权重有着较大的差异。例如，在概率为2%时，决策权重为8.1。而根据理性选择规则，概率为2%时，决策权重也应该为2。反观98%这一概率，就意味着存在2%的风险。效用（决策权重）从100降到了87.1，几乎降了13。但在中间区域的概率，人们的反应就会变得比较平淡。对应5%～95%概率的决策权重为13.2—79.3，这个范围比原本的概率小一些。这意味着人的主观概率的变化远小于概率本身的变化。

表4.1 决策权重

概率(%)	0	1	2	5	10	20	50
决策权重	0	5.5	8.1	13.2	18.6	26.1	42.1
概率(%)	80	90	95	98	99	100	
决策权重	60.1	71.2	79.3	87.1	91.2	100	

如果根据决策权重新绘制概率加权函数图形的话，就会呈一个倒S形。根据预期效用理论，效用函数为一条呈45度倾斜的直线。然而，概率加权函数在0%～35%这一区间会向上凸出，而超过这一区间就会向下凹（图4.4）。换句话说，当概率较低时，与实际概率相比，人们会高估其可能性；而当概率在中间或者超过中间数值的时候，人们预估的可能性

就会低于实际概率。

该现象的出现是因为人们把概率（p）区分为确定（$p=100\%$）、有可能（$0\%<p<100\%$），以及不可能（$p=0\%$）这三种情况。这是系统1运行的结果，而非系统2的工作。从人们对风险做出的反应中也可以观察到概率加权函数。

当人持续地关注风险，就难免会产生担忧。所以，人们将担忧的程度反映在了自己的

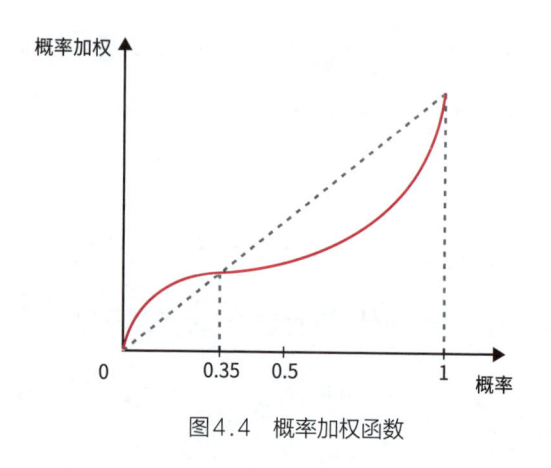

图4.4 概率加权函数

决策权重中。由于确定性效应的作用，担忧与风险实际发生的可能性并不成正比。在这种情况下，仅仅降低或减轻风险是远远不够的。要想消除担忧，其概率就必须为零。20世纪80年代，一群经济学家组成的研究小组对抚养儿童的家长进行了调查。我对其进行了改编。

● 假设您正在使用每瓶售价为10美元的杀虫剂。平均每使用1万瓶该款杀虫剂就会导致15起有毒物质中毒事故和15起儿童中毒事故。

● 如果有一款更昂贵的杀虫剂，能将上述两种风险降至每1万瓶5起事故。您愿意多花多少钱呢？如果能够将这两种风险完全消除，您又愿意多支付多少钱呢？

家长们表示，如果能够减少三分之二的中毒事故，即将每使用1万瓶导致的事故数从15起降至5起，他们平均愿意额外支付2.38美元。而如果能够完全消除中毒的风险，他们还表示愿意额外支付8.09美元，该价格是2.38美元的3倍以上。该实验表明，如果能将风险降低至零，人们确实有支付额外费用的意愿。这些额外费用虽然解释了担忧心理，但这并不符合主流经济学的理性模式。

卡尼曼将这一系列的偏好度整理成了四重模式（表4.2）。当概率较低时，面对利益，人们会选择追求风险，而面对损失则会选择厌恶和规避风险；相反，当概率较高时，面对收益，人们会选择厌恶和规避风险，而面对损失则会选择追求风险。试想如果此时输赢为1000万韩元会怎样呢?

表 4.2 偏好度的四重模式

类型	利益	损失
高概率 (确定性 效应)	- 获得收益的概率为 95% - 因为存在 5% 的概率而害怕失望 - 规避风险	- 遭受损失的概率为 95% - 期待以 5% 的幸运规避风险 - 追求风险
低概率 (可能性 效应)	- 获得收益的概率为 5% - 期待以 5% 的幸运获得巨额利益 - 追求风险	- 遭受损失的概率为 5% - 担心因 5% 的不幸蒙受巨额损失 - 规避风险

我们已经探讨过表4.2中的三种情况。左上角体现的是损失厌恶原理,当有足够的机会赚取巨额利润时,人们会选择规避风险。左下角展示的是可能性效应,可以用来说明彩票如此受欢迎的原因。通过购买彩票,人们还可以获得做一场美梦的权利。面对天文数字般的中

奖金额，无论中奖概率有多低，人们都不会在意。右下角则解释了人们投保的原因，人们将一大笔钱投在了购买保险上，而这一金额已经超过其本来的期待值，此时保险公司会将该期待值设定为支付保险金后还能赢利的水平。为不太可能发生的事情投保，其实就是人们在抛售自己的担忧，购买心安理得。

期待值
指某个事件每次可能的结果乘以该事件发生概率得出的可能性。

大家可能对右上角的情况感到陌生。其他情况都可以从损失厌恶的角度来考虑，而右上角是追求风险的情况。右上角的情况有两种原因。第一是与敏感度递减原理有关，如果损失几乎成定局，人们会更愿意去搏一搏。第二是概率的主观判断，即决策权重的影响。当失败概率为95%时，此时对应的决策权重仅为

79.3。但当获胜概率仅为5%时，其对应的决策权重为20.7，这是一个不小的数字。这也是人们陷入赌博的原因，比起接受失败，人们更愿意为了赢的可能性而改变主意去赌一赌。

人们为何购买彩票

最近，在韩国，彩票仍大受欢迎。在韩国，彩票一等奖的中奖概率为1/8145060，也就是说，即使每周购买1万韩元的彩票，也需要等16000年才有可能中一次奖。据说，这一概率比一辈子被雷击中两次的概率还要低。而且，1000韩元彩票的预期兑换值为500韩元。这是因为彩票售价中仅50%的金额能被支付奖金，剩余的50%则用作彩票基金、彩票运营管理公司的利润，以及彩票销售网点的手续费等。也就是说,买彩票的人在购买彩票的那一刻,就已经亏损了500韩元,自称理性的人类还会购买彩票吗?

展望理论则合理地解释了这样的矛盾。如果有一个需要下注1000韩元的游戏,不管是输还是赢,都只损失(获得)1000韩元,并且输赢的概率各为50%,应该没有人会对这样的游戏感兴趣的吧?相反,如果中奖的概率极其渺茫,但如果只需要下注1000韩元,运气爆棚的话,就有可能获得20亿至30亿韩元,那么情况就完全不一样了。因为中奖时获得的金额实在是太大了,所以人们根本不会在意细微的变化(口袋里的钱减少1000韩元),这时中奖的概率并不重要。大多数人都有一种心理:不管概率有多低,都会赋予它特殊的含义,好像这件事情只会发生在他们自己身上。这是一种毫无根据的过度乐观主义，就好像即使世界灭亡，人们都会觉得自己能够存活下来一样。

以可能性接近于零的概率购买彩票，是因为人们不把概率当作一个数值，而是凭直觉将其分为确定、不可能、有可能三种情况来判断。而且，彩票中一等奖的概率无论多低，都是高于0的。即使概率为0.0001%，也是有机会赢取一等奖的。面对可能性极低的结果，人们赋予其高于本身应有的权重，这一心理被称为"可能性效应"。相反，虽然95%这一概率几乎接近于100%，但这并不意味着就可以完全百分之百中奖。尽管几乎可以肯定结果，但与概率相比，赋予的权重值相对较低，这便是受确定性效应的影响。

那么，如果与前面的情况相反，如果亏损的概率极低会怎样呢？这种情况与赌博心理相反，人们会采取规避风险的行为。例如，虽然牛海绵状脑病感染的可能性微乎其微，10年内仅报告了4例感染案例，但因为人们害怕感染，所以避免购买美国进口牛肉。此外，即使在日本，海啸也是一种非常罕见的自然灾害，但一旦发生，它的影响非常明显，会人留下深刻的印象，以至于游客们会高估海啸发生的概率。这也与第二章介绍的可得性启发式有关。

遭遇不幸时，人们会面临表4.2中右上角的情况。处于劣势或逆境中的人为了避免巨额损失，会放手一搏，即使这有可能使情况更加糟糕。这种追求风险的行为通常会让能够控制的失误沦为无法挽救的灾难。让人接受巨大的、百分之百确定的损失，是一件极为痛苦的事情。因此，即使概率极低，哪怕只有一丝希望能够挽回局面，人们有时也会孤注一掷。

人们购买彩票的心理类似于看待恐怖事件的心理。虽然恐怖袭击是一件十分罕见的事件，但恐怖袭击中死亡的人员和破坏的场面会让人历历在目，记忆犹新。这便是导致第二章中可得性启发式的原因。彩票中奖或者恐怖袭击的概率都非常低，但是可能性仍是十分重要的。根据展望理论，非常不寻常的事件要么会被忽视，要么会非常受重视。因此，当人们做决定时，会倾向于给罕见、异乎寻常的事件过度地赋予权重，也就是会过度重视。这便是即使中奖的概率非常小，人们也会选择购买彩票的原因。过度加权虽然与过高评价有所不同，但二者都涉及注意力集中、认知偏差,以及认知安逸等机制,这都是受系统1的影响造成的。

对于异常罕见的事件,过分赋予权重的事例有很多。心理学家克雷格·福克斯(Craig Fox)曾以美国职业篮球联赛的球迷为对象开展过一项实验,他让球迷预测入围季后赛的8支球队夺冠的概率。最后把球迷们预测出的8支球队的夺冠概率相加,得到的结果竟然是240%。按理说,夺冠概率相加应是100%才对,240%一看就是一个不合理的结果。

但是,当这一批球迷被问及,夺冠的球队会来自东部联盟还是西部联盟时,这种倾向便消失了。因为这个问题避免了过度加权的情况,所以球迷们的判断概率之和正好为100%。

为了确认决策权重,福克斯让球迷在每次

投注时投下相应的现金作为赌注。如果赢得赌注，就可以获得160美元，如果押8支队伍都获胜，需要投入的总金额为287美元，相当于最终会亏损127美元。这便是在知道奖金不会超过160美元的情况下过度赋予权重的结果。

当人们预测特定事件的结果时，计划的成功实施是具体的、可以想象的，而失败是分散的，不像成功容易被察觉。比如，企业家或投资者倾向于做出乐观的预测，并给推测值赋予过高的权重。

许多观察可以证实，一个物体（事件）的生动性、可能性，以及便于想象的特性都会对增加决策权重起作用。假设面前有两个盒子，让学生从中选择一个，并从中取出一个乒乓球，如果取出的是红色乒乓球，就可以获胜。

如果是你，会选择哪个盒子呢？

盒子 A：10个乒乓球中有1个是红色的

盒子 B：100个乒乓球中有7个是红色的

盒子 A 的胜率是10%，而盒子 B 的胜率是7%。人们似乎很容易就能做出正确的选择，但事实并非如此。有30%至40%的学生选择了红球较多的盒子 B，而不是获胜概率较高的盒子 A。

如上述实验一样，只关注分子（出现频度），而对分母（基数）不敏感的心理现象被称为"分母的忽略"。如果只关注取出红球就能够获胜这一事实，则会忽略不能获胜的球到底有多少个。红球清晰生动的形象增加了可能性效应的作用，让可能性效应更具有说服力。

相反，从确定性效应的观点来看也是如此。在抽到白球就会输的游戏中，如果获胜的概率为90%，那么不管是100个球里面有10个白球，还是10个球里面有1个白球，其概率都是相同的。但是，比起那个让人输掉游戏的1个白球，人们会更加在意那10个白球。

"分母的忽略"这一现象可以解释为什么风险的影响会因风险的传递方式而迥然不同。利用次数（相对频率）来描述一件发生概率较低的事件时产生的权重，会远远高于利用风险、可能性等抽象术语或者百分比来描述这一事件时所产生的权重。例如，如果将艾滋病的死亡率表示为"一万人中有一个人死亡"，而非使用0.01%这一数值，就会让人产生更加强烈的感觉。在这种情况下，人们就会在脑海中想象一个艾滋病患者的悲惨形象，从而对艾滋病产生恐惧之情。

任何东西都舍不得给别人的原因

我亲密的同事，理查德·塞勒于20世纪70年代在罗切斯特大学经济学系完成了其硕士和博士学位的学习，该校历来以学风严谨和保守享誉世界。塞勒机智敏锐，喜欢收集用当时的经济学理性行为模式无法解释的观察结果。他还特别乐于观察教授们在经济上的非理性行为。

塞勒了解到，R教授是一位老练的葡萄酒爱好者和主流经济理论的追随者，1975年，就有人开价100美元向他购买他收集的葡萄酒，这个价格在当时是一笔巨款，但他还是没有卖给别人。但R教授从来没有花超过35美元的钱来购买一瓶葡萄酒。如果他认为葡萄酒的价值是100美元，那么为了拥有葡萄酒，就应该愿意支付100美元来购买它，这样才符合经济学理论。而实际上，他的最低售价（100美元）明显高于最高购买价（35美元）。塞勒将R教授这样的行为命名为"禀赋效应"。即一个客体的价值取决于是否拥有这个客体的现象。这也是现有经济学理论无法解决的难题。

这一难题可以使用展望理论中的损失厌恶原理来解释。也就是说，R教授卖掉葡萄酒时感受到的痛苦比购买葡萄酒时的喜悦更大。回想一下价值函数的图，就很容易理解。原点下方的价值函数图比原点上方的倾斜度大得多，这意味着人们对损失的反应远大于获得同等大小利益时的反应。

为了证实塞勒"禀赋效应"的有效性,我做了一个关于马克杯的实验。一个马克杯的价值大约在6美元。学生被随机分为两组,我将杯子发给了A组学生,而让B组学生自己掏钱购买杯子。然后,A组提出的平均售价为7.12美元,而B组学生表示平均愿意出价2.87美元来购买杯子。A组之所以提出高价,是因为心理上不愿意放弃已经拥有的杯子。正如研究结果一样,各种研究实验表明,销售价格和购买价格之间的差距约为2比1。

行为经济学家杰克·尼奇(Jack Knetsch)的实验也得出类似的结果,可以用来证明禀赋效应。他将学生分成了三组,让他们填写一份无聊的问卷调查,并给完成问卷的学生一份礼物。他给 A 组学生每人一个马克杯，给 B 组学生每人一个巧克力棒，并告诉他们每个人都可以换取不同的礼物。A 组有89%的学生表示自己还是想要马克杯，B 组中90%的学生也表示自己想要巧克力棒，而两组学生中想要交换礼物的学生只有不到10%。

尼奇稍微修改了一下实验内容，让 C 组学生在填写问卷之前，在马克杯和巧克力棒中任意选择自己想要的礼物。其中，有56%的学生选择了马克杯，而剩下44%的学生则选择了巧克力棒。也就是说，学生在马克杯和巧克力棒两者之间并没有特别的偏好，但大部分学生都不愿意交换自己已经拥有的东西。

有趣的是，实验经济学家约翰·A.李斯特（John A. List）以交易员为对象进行了一项类似的实验,但其中48%的交易员都表示愿意交换礼物。尽管进行了相同的实验,但这些拥有丰富交易经验,且每天进行多达数十次交易的交易员们身上并未体现出"禀赋效应"的影响。

禀赋效应并非适用于任何情况的普遍现象。例如,如果有人请你将一张面值为5000韩元的纸币换成5张面值为1000韩元的纸币,你一定不会立即拒绝这一提议。还有,买鞋的时候,收钱卖鞋的商人也是不会感觉吃亏的,也不会像R教授一样出现严重的损失厌恶现象。

但是,如果自己真正喜欢的著名乐队的演唱会门票已经售罄,有人让你将购买的门票以50万韩元出售给他,即使你只花了20万韩元购买该演唱会门票,但你也不会出售的。因为对于这个人来说,已经拥有的利益成了非常重要的基本价值。也可以说，从禀赋效应的角度来看，可以使用的商品和用来交换的商品之间存在着巨大的差异。

这样的事例说明选择有两个特征。首先，价值不是固定的，会随着参考点的变化而变化。其次，变化的弊端似乎超过了优点，因此产生了人们会偏好于当前状态的偏差。这种心理现象被称为"现状偏差"，只要当前的状况不是特别糟糕，人们就想维持现状。

即使一个人不喜欢自己的工作，但也会坚持下去，这也是典型的现状偏差。换工作并不容易，即使跳槽，在新的工作单位里，情况有可能好转，但也有可能变得更糟糕，所以人们才会继续留在自己的工作单位。再比如，跟团的游客下车游玩后，再上车时，往往还是会选择坐在原来的座位上，人们会一直购买喜欢的品牌的商品，这些都是现状偏差的结果。这些都与锚定效应有关。

包括人类在内的所有动物，时常都不是为了获得利益而努力，而是为了避免受到伤害。为了维持现状而激烈斗争的事例有很多。所谓强龙难压地头蛇，在动物世界里，这种现象普遍存在，当某个区域的主人受到竞争对手的挑战时，大部分的主人都会获得最终胜利。人类世界亦是如此。虽然改革中一定会有胜者和败者，但与潜在的胜者相比，潜在的败者必然会表现出更加积极和坚决的态度。因此，改革的结果将有利于潜在的败者，因为他们很有可能在中途就被淘汰，最终会花费比原计划更多的钱，但效果却比原计划更差。

例如，当企业在进行机构改革时，通常会采取自然裁员或消减入职新职工的工资和福利等举措，这样做远远比解雇现有员工更容易。损失厌恶是一股强大而保守的力量，组织和个人都倾向于最低程度地改变当前状态。这种保守主义对于帮助人们保持稳定的社会生活也具有积极作用。毫不夸张地说，我们紧密地生活在一个参考点周围，就像是被重力吸引一样。

移动的爱情

"爱情怎么会移动呢？""爱情是会移动的！"

这是十多年前一家手机公司的广告文案。通过携号入网，人们可以更换使用已久的通信运营商，这在当时听起来是很有号召力的。但事实上，人心是反复无常的，昨天还喜欢的东西，今天就有可能觉得讨厌，反之亦然。

然而，主流经济学的前提是，人们的偏好在相同条件下是不会改变的。偏好是一个人做出选择的基础，是具有一贯性的，而且一般不会改变。如果一个人比起拉面更喜欢炸酱面，比起炸酱面更喜欢意大利面，那么在拉面和意大利面中，这个人当然更喜欢意大利面。这种情况称为"偏好传递性"。也就是说，偏好是恒定的。但人类的偏好真的具有一贯性吗？

心理学家的研究结果显示，事实并非如此。保罗·斯洛维奇（Paul Slovic）和莎拉·利切坦斯泰因（Sarah Lichtenstein）以"打赌的偏好"为主题进行了一项实验。简要总结如下。

赌局 A：赢取160美元的概率是11/36，输掉15美元的概率为25/36；

赌局 B：赢取40美元的概率是35/36，输掉10美元的概率为1/36。

在这种情况下，人们通常会选择 B。在必须要做出选择的情况下，人们会对安全可靠的利润，也就是获得钱财的可能性更加敏感。如果是你的话，每个赌局最少会下多少注呢？

在下赌注时，人们对自己在此赌局中能赚取的金额很敏感。人们为 A 所设定的最低价格实际上比 B 高。一般情况下，人们会选择 B 而不是 A。但是两者中只能拥有一个的话，他们反而会给 A 赋予更高的价值。这样的现象便称为"偏好反转"。

偏好反转一直是心理学家和经济学家争论的一个重要话题。经济学中的理性经济行为主体对偏好反转并不敏感。然而在心理学实验中，偏好反转已经无数次得到明确证实，这也是对经济学的一项挑战。为了推翻利切坦斯泰因和斯洛维奇的实验，经济学家们进行了一系列的研究，但他们的研究结论却证明了心理学家的想法是正确的。因为个人的选择是由作出选择的环境决定的。

另外，随着时间的推移，偏好反转也会发生。如果问人们今天在拉面和意大利面中想吃哪个的话，大多数人会选择意大利面。但如果让他们在马上可以吃到拉面和两个月后可免费品尝意大利面的优惠券之间选择的话，很多人则会选择前者。在主流经济学中，时间通常被忽略，许多经济学家只会以商品的消费量来评估效用。但是，人们的想法会随着时间的推移而发生变化。

效用可能会因一个人的处境而有所不同。处境不同,衡量利润和损失的标准也会不同。

即使扔一块石头,也没有人能看出来啊!

人的判断标准是相对的,而不是绝对的。

哇,吃得真饱啊!

我还能吃得下!

展望理论是关于存在风险因素时,人类如何作出选择的研究。

哎呀,又是"谢谢惠顾"。但说不定我下周就有可能中奖?

现在你应该知道为什么人们会在获利可能性很小的情况下仍然购买彩票了吧?

如果你能理解主流经济学中被忽视的人的"内心",那你也就可以理解选择这一概念。

内心
经济
经济

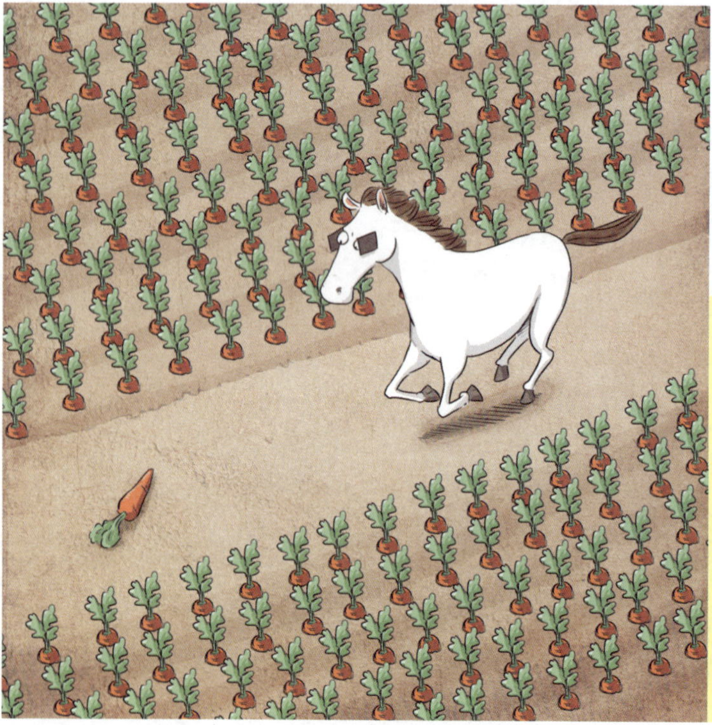

第五章

内心思维的框架：框架效应

"框架效应"让我们看到的世界有所不同。每个人都有属于自己的框架，这也极大地影响着每个人的判断和选择。所以接下来让我们一起了解一下框架效应，来看看它是怎样使我们能够以不同的方式接受相同情况的。

韩国队胜利还是日本队失利

最后一节讲述的是关于"框架"的内容。大家可能会有个疑问,这里的框架是指窗框或相框吗?是的,没错。我这里所说的框架是看待世界的"思维框架"。每个人的心里都有属于自己的框架。此外,不同的框架看到的世界也会有所不同,人们的选择也会因此而改变。框架通常被比喻为杯子里的水,看到装有一半水的杯子,有的人会说:"还剩下一半没装呢。"

但也有人会觉得:"杯里只剩下不到一半的空间了。"面对相同的对象,接受的方式不同,框架也会各异,最终会影响到人们的判断和选择,从而出现天壤之别的差距。

2012年伦敦奥运会上,韩国国家队在足球比赛三四名决赛(即季军争夺战)中以2:0击败日本队。我也观看了当时的比赛,韩国国家队的表现的确很出色。但在报道该事件时,韩国媒体的标题为"韩国赢了",而日本报纸的标题为"日本输了"。报道同一事件时新闻标题的角度却完全不同,这便是框架的差异。

从韩国人的思维框架来看,他们把重点只放在了韩国队获胜这一事件上。而在日本人的思维框架中,则把重点放在了日本队的失败上。对于第三方,即其他国家的人来说,韩国的胜利和日本的失败是一回事儿，但对于当事国人民来说，绝对不可能是一样的。因此，即使是内容相同的语句，也会引起完全不同的情绪反应。因为，情绪敏感的人类不可能像经济人那样冷静且合乎逻辑。

卡尼曼和特沃斯基将不同的表达方式对人的偏好产生影响的现象称为"框架效应"。框架效应是指不一样的表达方式，以及看待问题的观点会导致人们做出不同的判断和选择的现象。谚语中也有一些能够和框架效应完全吻合。比如说"狗眼看人低"也与框架效应有关。也就是说，表达方式改变时，人的感受就会发生改变，根据看待世界的方式的不同，人们可以看到完全不同的世界。

我们来看下面的两个句子。

（1）有这样一个赌局：赢得95美元的概率为10%，输掉5美元的概率为90%，你愿意参与吗？

（2）你会花5美元购买一张彩票吗？这张彩票有10%的概率赢取100美元，有90%的概率一无所获。

这道问题的灵感来自理查德·塞勒。塞勒曾表示，他在读研究生时，他的记事本上有一张卡片，上面写着"成本不是损失"。如果给你充分的时间去思考，就会发现这两个问题在逻辑上其实是同一个问题。无论是赢取95美元，还是用一张价值5美元的彩票中100美元，结果都是一样的。（1）和（2）其实都是以10%的概率去赢取95美元，或者是以90%的概率输掉（损失）5美元，只是问题的表达方式不同罢了。如果请一个理性的现实主义者回答这两个问题的话，应该会给出同样的答案吧？

但是，我发现极少有人会对这两道题给出相同的答案。实验结果表示，选择（2）的受访者数量更多。虽然（1）和（2）的结果一样，但比起（1）中"在赌局中输钱（损失）"的表述，（2）中"没有中奖的彩票价格（成本）"形成的框架会更容易被接受。正如我一直强调的那样，损失比成本更能引发负面情绪。世界上有很多事情在经济方面是平等的，但在情感上却是不平等的。

以下是特沃斯基和哈佛大学医学院共同进行的一项实验，该实验也是证明感情框架影响判断的典型案例。特沃斯基分别向医生们展示了关于手术和放射性治疗肺癌的五年存活率

（在确诊患癌症或治疗后通过反复检查能够存活五年的患者比例）的统计数据。从统计学的角度来看，手术治疗的五年存活率较高，但在短期内，手术比放射性治疗更危险。其中一组医生观察了手术治疗的存活率统计数据，而另一组医生则查看了死亡率统计数据。以下是对肺癌手术结果的两项统计数据的描述。

（1）1个月后的存活率为90%

（2）1个月后的死亡率为10%

各位应该很快就会察觉到这两种描述其实是相同的。但只看到其中一种表述时，会怎样呢？不管看到哪种表述，医生都会做出自己确信的诊断。看到强调死亡率数据（2）的医生中，有50%选择了放射性治疗。而看到凸显存活率数据（1）的医生中，有84%的人选择了手术治疗。可见，专家医疗团队在同一问题上也有34%的差异。人们（甚至是训练有素的医生）都认为死亡是坏事，存活是好事。10%的死亡率是令人惋惜的，因为它意味着10个人中就有1个人死亡，但90%的存活率是很容易被接受的，因为它意味着10个人中能存活9个人。

卡尼曼和特沃斯基在研究框架效应时，进行了一项名为"亚洲疾病问题"的实验，许多人可能都听说过这个实验。

韩国正在为一场罕见的亚洲疾病的爆发做准备，预计这场疾病将夺去大约600人的生命。为了抗击疾病，一共准备了两项方案，采纳这两项方案的预计情况如下：

如果采纳方案 A，能够挽救 200 人生命；

如果采纳方案 B，能够拯救 600 人生命的概率为 1/3，全部死亡的概率为 2/3。

超过一半的实验参与者选择了方案 A，因为比起概率，他们更偏向明确的结果。在接下来的第二个实验中，我们准备了不同的框架。

如果采纳方案 A，将有 400 人死亡；

如果采纳方案 B，不会死亡的概率为 1/3，导致 600 人死亡的概率为 2/3。

在先后两次实验中，方案 A 和方案 B 的实际情况是相同的。然而，在第二个实验中，大多数人都选择了方案 B。可以明确的是，人们在结果好的时候会选择确定的东西,而在结果不尽如人意时,就会更加偏好于赌一把。换句话说,在结果不好时,人们会更加关注能够规避损失的概率。这种现象也与上述的展望理论或启发式的特征之一——损失厌恶原理相一致。

瑞典86%,丹麦4%

瑞典和丹麦都是北欧国家,两国也是隔着波罗的海相望的邻国。但是,这两个国家有一点很不同——两国在公民死亡后的器官捐献率上存在着巨大的差异。一般情况下,驾驶证上会注明公民如果因意外事故死亡,是否愿意捐献自己的器官。在瑞典,有86%的人表示愿意捐献器官,而在丹麦仅有4%的人表示愿意捐赠器官。

澳大利亚的器官捐赠率几乎高达100%，法国、奥地利、比利时、匈牙利和波兰也达到了98%。相反，也有不少国家的器官捐赠率较低。比如，日本为10%、德国12%、英国17%、美国和荷兰均为28%。各国之间为什么存在如此巨大的差异呢？（为了方便表述，我们将器官捐赠率较高的国家称为瑞典式国家，将器官捐赠率较低的国家称为丹麦式国家。）

这其中也隐藏着框架效应。丹麦式国家只有在本人明确愿意捐赠器官时，才将其视为器官捐赠者。与此相反，瑞典式国家默认人们同意捐献器官，除非当事者表达了不愿意捐献器官的意愿。

像瑞典这样，让不愿意捐献器官的人直接表示拒绝捐赠意愿的情况称为"选择性拒绝"

或"选择退出"（Opt-out）。像丹麦这样，仅在当事者有意愿捐赠的前提下才在驾驶证上标示出来的情况则被称为"选择性同意"或"选择进入"（Opt-in）。目前，韩国也同丹麦一样采用选择进入制度，即要有本人的同意，才能在驾驶证上标示出愿意捐赠器官。

因此，提高器官捐赠率的最佳方法便是从一开始就制定一项制度，即驾驶员自动被默认为有意愿捐献器官，而不需要表明其捐赠意愿。这类似于电脑的初始设置，人们通常只是默默接受初始设置，因为这是由电脑制造商设置的。同理，如果将对器官捐献者的初始设置设定为选择退出的方式，那么一开始就特意费尽周折表明自己拒绝捐赠器官的人必然会大幅减少。

人们的选择受最初设定方式的影响而有所不同的现象被称为"初始值效应"。如果原封不动地接受初始值,则无须投入时间和精力,从而降低成本。初始值便是人们在作出选择前被赋予的一种框架。

器官捐赠案例对人类合理性这一问题具有重要的启示意义。主流经济学模型的拥护者认为,人类是理性行为主体,任何表达方式都不能决定人们的重要选择。但质疑人类理性的怀疑论者认为,重要的选择可能会被非常微不足道的状况控制和支配。当涉及器官捐赠等重要决定时,谁都不想通过框架做出决定,但在现实中,这种现象屡见不鲜。垃圾邮件或垃圾短信就是很好的例子,如果你不想接收推送,就必须表明拒绝接收推送或订阅,但这确实是一件麻烦事。这也是我们的电子邮件收件箱或短信信箱每天都会充满垃圾邮件和垃圾短信的原因。

"挣钱"异于"赢钱"

问题 A：一场演唱会的门票价格为5万韩元。你本打算去演唱会现场购买门票，但发现丢了5万韩元。这种情况下，你还会再花5万韩元购买门票吗？

问题 B：你拿着前一天花5万韩元购买的门票去了演唱会现场，结果发现门票丢失了。请问你还会再花5万韩元购买门票吗？

以上是卡尼曼和特沃斯基进行的一项实验。在问题 A 中，有约88%的参与者表示会再花5万韩元购买门票。与此相反，在问题 B

中，只有约44%的参与者回答会重新购买门票。在这两种情况下，损失的价值均为5万韩元，但结果几乎相差将近一倍。

在涉及金钱问题时，人们往往会根据情况制定一个狭窄的框架，然后在这一框架下做决策。理查德·塞勒将这一框架称为"心理会计"。就像家庭主妇记录家庭账簿时将家庭预算细分为伙食、住房、教育和文化支出等项目一样，人们在脑海中创建了一本会计账簿来对自己的选择进行分类。每当人们做出消费和储蓄等决策时，都会为每个项目创建一个心理账户，分别记录收入、支出、利润（盈余）与损失（赤字）等内容。

人们花5万韩元购买一张门票的行为如同在脑海里创建了一个文化支出账户。问题A中的现金损失不会对文化费用账户产生影响。而在问题B中，人们丢失了门票，并且还需要再次花费5万韩元购买门票的情况就要另当别论。这相当于一共花费了10万韩元来观看演唱会，所以人们才会变得犹豫不决，认为花在文化需求上的支出过高。以下为塞勒在其早期论文中提到的一个事例。

两个狂热的棒球迷A和B分别计划驱车50公里去观看棒球比赛。A花钱购买了比赛门票，B的门票是从朋友那里免费得到的。但是天气预报说，比赛当天夜里会有暴风雪。那么两人中谁更有可能会冒着暴风雪去观看比赛呢？

其实这个问题并不难回答。花钱购买了门票的A冒着暴风雪去观看比赛的概率会高得多。如果因暴风雪错过比赛的话，二人都将大失所望，而观看棒球比赛这一账户也会因此亏损。但是对于花钱购买了门票的 A 来说，他不仅没能观看到比赛，而且手里的钱也花了出去，他会认为这是双重损失。

> **轮盘赌**
> 是一种赌场常见的博彩游戏。当所有玩家投注后，庄家会通过旋转带有从0到36的数字的穿孔圆盘，当滚动的象牙制小球停止转动，滚入的颜色或数字则获取胜利。

想象一下赌场中经常发生的事情，就会很容易理解心理会计这一概念。一个男人在轮盘赌中将1美元的筹码押在数字7上，结果他赢了。之后，他继续参加游戏，越赢越多，最后，在他面前已经堆了上万美元的现金。他感慨自己运气很好，然后决定再玩最后一局，再次把所有的筹码都押在了数字7上。但这一次，他输光了所有的钱。最后，他站起身来，自言自语道："哼，也就输了区区1美元而已嘛。"

他在最后关头损失了数万美元，但其脑海里的会计账簿则认为只损失了1美元。这是因为他将赌博赢来的钱存到了脑海里的赌博账户中。正如主流经济学所假设的一样，如果人类是理性生物的话，无论是靠赌博赢来的钱，还是工作挣来的钱，他们都会对相同数量的钱做出同样的反应，但人类实际上却无法做到这点。因为，赌博和工作赚来的1美元，它们的象征意义是绝对不能画等号的。

股市里的个人投资者（散户）往往会出售赢利的股票，却会犹豫是否要出售亏损的股票，结果反而遭受更大的损失。除了损失厌恶以外，心理会计也有很大的影响。投资者会为他们购买的每只股票单独创建一个心理账户，并期望从所有账户中获利。出售获利的股票时，股民是成功的投资者，但如果账户要在亏损的情况下关闭，股民就会出现规避心理或行为。但一个理性的投资者，不应该纠结目前的框架是盈还是亏，而应该首先出售未来预期回报率较低的股票。

人们一旦投入成本，就很难轻易放弃。明知道这是一个错误的选择，并且会导致不好的结果，但人们往往也舍不得放弃已经付出的努力和投入的成本，从而选择坚持不放手。例如，如果是自己花钱购买的棒球比赛门票，人们就会冒着风雪，长途跋涉50千米前往球场，这便是经济学中常常提到的"沉没成本谬误"。虽然人们平时担心肥胖，但一到自助餐厅就会吃得很多，因为他们认为吃得越多，每盘的单价就会越低，从而让他们得到内心的满足，这样的现象就是沉没成本谬误的典型事例。

结局好，一切都好

20世纪90年代，卡尼曼和同事唐·雷德迈（Don Redelmeier）以154名患者为对象，对他们在进行大肠内窥镜检查时感受到的疼痛程度进行了研究。虽然现在的患者们大部分都会接受无痛内窥镜检查，但在20世纪90年代时，医生需要在病人精神清醒的状态下将管子插入大肠里，所以在当时，这项检查是一件十分痛苦的事情。我们使用从0（无痛苦）到10（完全无法忍受）的数字，并每隔一分钟记录下实验参与者的疼痛程度。

实验中，他们向患者们询问了其痛苦程

度。结果显示,大肠内窥镜检查的整体感觉取决于疼痛最剧烈的时间段以及最后三分钟的平均疼痛程度。检查所花的时间差距极大,耗时最少的人只花了4分钟,但有些参与者耗时近69分钟。然而,与最初的预期相反,患者感受到的疼痛程度与检查时间并无关联。

他们通过患者A和患者B的具体事例来了解一下吧。两位患者最痛苦时的疼痛等级均为8,而最后三分钟内,患者A的平均疼痛等级为7,患者B为1。患者A的内窥镜检查时间为8分钟,患者B则耗费了24分钟。正常情况下,人们都会认为患者B的内窥镜检查时间长,感受到的疼痛总量应该更大,所以他(她)所承受的痛苦应该更大。

但结果却截然相反。关于对内窥镜检查最

后时刻的感知，患者 A 对这一瞬间的记忆比患者 B 更糟糕。在最痛苦的时刻的痛苦（均为8）和最后时刻的痛苦（患者 A 为7，患者 B 为1）这两个数据的平均值上，患者 A 是7.5，患者 B 是4.5。尽管患者 B 所花费的检查时间是患者 A 的3倍，但患者 A 感受到的痛苦更多。

正如上述事例一样，高潮和结局两个时间段的记忆会影响整体印象，这便是所谓的"高潮——结局效应"或"峰终效应"。另外，人们将持续时间的长短与整体印象不相关的现象称为"过程时间忽视"。人们在解释爱因斯坦的相对论时曾用过这样一个例子："与自己的爱人在一起时，一小时感觉就像一分钟，但如果把手放在火炉上，一分钟就好像一小时。"这也与上述的心理现象一脉相承。也就是说，人的记忆总是相对地铭刻在脑海里，如果用一句话简单地描述"峰终效应"的话，可以说"如果结局好，那么一切都好"。

让我们再来了解一下出现这种框架效应的案例吧。以下场景是由韩国的真实案例改编而成的。通过这些案例，我们可以看出，内心设置的比较框架会使情绪发生巨大的变化。

● 案例1：首尔市教育厅表示，今年首尔市区初高中将仅新聘用9名语文（韩语）教师。对于各大学韩语教育系数百名的毕业生来说，得到教师岗位可谓是比登天还难。学生们随即展开了强烈抗议，甚至在教育厅前进行了举牌抗议。最终，教育厅承诺将语文教师的聘用人数增加至18名后，风波才得以平息。

● 案例2：位于首尔市的D大学发布公告称，今年学费将上调4.9%。一直要求维持原学费的校学生会立即展开了阻止学费上涨的斗争，学生们也表现出了拒绝缴费注册的迹象。最终，校方将学费涨幅下调至2.8%，并将差额退还给了已经缴纳上调后学费的学生。大部分学生对学校的举措表示欢迎。

● 案例3：年底来临，期待"13薪"（年终奖）的上班族们在收到年末结算（个人年度税务清算）报表时表现出了不满的情绪，因为退税金额大幅减少。这是因为政府通过修改税法，将个人所得税税率降低了一个百分点，同时也相应地取消了部分抵扣项目，并降低了扣除比例。与个体户相比，上班族对此甚是不满，因为他们本来就是"玻璃钱包"（表示收入固定而且很透明）。而年末结算结果一经确定，就很难改变。

案例1和案例2让我们感觉到"如果结局好，一切都好"。将语文老师的人数从9名增加到18名，将学费涨幅从4.9%降至2.8%之后，局面就变得平静了。乍一看，教育厅和校方似乎是害怕学生们的反对才选择后退一步的。但是，即使首尔市新聘用18名语文教师，数百名韩语教育系毕业生成为教师的可能性并没有显著提高。即使学费涨幅有所下降，校学生会一直要求的维持原学费举措也并没有得到落实。

或许是教育厅和学校方面提前预料到了学生们的反对，所以在一开始就提出了最坏的情况，面对学生们的强烈抗议，才假装作出勉强让步的样子。如果教育厅从一开始就宣布聘用18名语文教师，学生们会保持沉默吗？教育厅的措施已经将韩语教育系毕业生的比较框架从"少得可怜的聘用"（无论是聘用9名还是18名教师，与多达数百名的毕业生人数相比，这一数字仍是少之又少）转变为"双倍聘用"（9名→18名）。虽然可能性极其微小，但有没有可能教育厅从一开始就计划招聘18名的语文教师呢？

同理，如果D大学从一开始就宣布学费涨幅为2.8%的话，情况又会怎样呢？一直要求冻结学费的校学生会，可能也会采取不同程度的抵制措施，但绝对不会坐视不管。然而，当4.9%的涨幅预案下调至2.8%时，就没有了反对的声音，反而有很多学生还因为手里拿到了退款而感到高兴。校方最初提出的费用上调方案便起到了基准点的作用，形成了"结果比之前有所好转"的比较框架。也就是说，框架改变后，学校上调学费的计划才得以顺利实施。虽然可能性十分渺小，但学校方面是不是一开始就计划将学费上调范围定为3%之内呢？

案例3中，我们可以同时看到"直觉的特征"（WYSIATI，即"所见即一切"）和"框架效应"。即使年末结算时退税金额减少，但并不意味着上班族的税负有所增加。政府在修改税法时，将税率下调1个百分点，因此提前征收的税额减少了，然后取消了部分抵扣项目，并降低了扣除比例，退税金额也相应地有所减少。简而言之，上班族过去缴纳的税款更多，退还的税额也更多。但现在，上班族缴纳的税款减少，所得到的退税金额也有所减少。

然而，对于上班族来说，通过个人结算所退还的税额相当于"13薪"（年终奖），所以他们认为这一金额越多越好。他们不太关注每月工资中代缴代扣部分税款是增加还是减少了。年底通过年末结算收到的退税金额则让他们觉得是一笔"天降横财"，让人感觉心情愉快。正是因为人们从这样的框架来思考这一问题，所以缴纳的税款变少，退税金额变少，会让他们感觉被剥夺了更多的税款。如果结局是好的，人们就会觉得一切都好，如果结局比之前糟糕，人们就会表现出与之前截然相反的情绪反应。

最后通牒博弈和独裁者博弈

偏好属于个人品味，因此会不可避免地会

受情感框架的支配。但是在主流经济学中，人类的情绪并没有得到重视。"经济人"被刻画成一个其偏好或选择不会根据情绪而举棋不定，而是仅根据计划采取合理行动的人。但可以明确的是，情绪对偏好和选择有着非常深远的影响。

"最后通牒博弈"揭示了情绪所带来的影响，以及人们对公平性的偏好。最后通牒，即最后一刻抛出的讯息，让人不禁想起马特·达蒙（Matt Damon）主演的电影《谍影重重》（*Jason Bourne*）三部曲中的《谍影重重：最后通牒》（*The Bourne Ultimatum*）。但是到目前为止，人们尚未找到为什么自私的人类会采取与"最后通牒博弈"中相同行为的确切原因。这场权衡公平和逐利的进退两难的博弈，在经济学、心理学，以及神经科学等各个领域都引起了广泛关注。每年，学界都会出现二三十篇关于最后通牒博弈的论文。

最后通牒博弈是由德国柏林洪堡大学的一个研究小组于1982年提出的。其内容及规则如下：各有一名提议者和一名回应者，实验方给提议者10美元，并要求他通过协商来分配金额。提议者有权提出分配方案，可以提议拿出10美元中任何金额的资金分配给回应者，而剩下的资金归提议者本人所有。并且，提议者需询问回应者是否愿意接受该金额。此时，如果回应者接受了提议者的报价，那么二人就按提议者的方案分配这10美元；如果选择拒绝，主办方将会收回全部的资金，二人将一无所获。这种情况下，提议者应该提出给回应者多少金额比较合适呢？

对于主流经济学所主张的做出理性选择的"经济人"来说，无论提议者提出多少金额，回应者都必须要接受才行。即使报价金额是1美分，接受也比拒绝更好，因为这至少能够获得利益。经济人判断的标准不是情感或情绪，而是利益的最大化。然而，实验对象表现出的行为却完全不同。

提议者将自己的份额和回应者的份额分成5∶5的比例最高，而提议者按6∶4和7∶3分配的比重占了总数的80%以上，且平均报价金额为4.5美金。因为提议者不愿意提供超过自己份额的金额，所以最高的提议金额并没有超过5美元。在另一个实验中，10美元变成了其他金额，而提议者提议的金额平均为总金额的

40%至48%之间。

如果提议者变成自闭症患者或者一些原始部落居民的话，最后通牒博弈又会出现不同的结果。在一项针对自闭症患者的实验中，三分之一的人所提议的数字为"0"（即一分钱都不给）。自闭症患者不善于察言观色，不能很好地理解别人的想法，因此他们往往无法预测到自己被回应者拒绝的可能性。我们也观察到，一些小型部落的人没有拒绝任何提议，甚至有些部落的人还拒绝了慷慨的提议，这些提议平均超过50%。但是，这样的事例不能一概而论。

在最后通牒博弈中，真正有趣的是回应者的反应。当得到的报价低于3美元时，受访者拒绝提案的概率大幅增加。特别是，有67%

的回应者表示他们不会接受低于1到2美元的报价。哪怕自己一分钱都拿不到,也不希望看到提议者获取过多的利益。可以说,这是一种"就算我失败了,也不希望看到你一个人成功"的心理。

经济学家们对最后通牒博弈的结果十分感兴趣,他们对该游戏稍做了一点修改,开发出了名为"独裁者博弈"的实验。其内容与最后通牒博弈几乎相同,但独裁者博弈不给回应者赋予拒绝的权利。换言之,回应者必须无条件地接受提议者所提出的金额。那么,提议者究竟会提出什么样的分配方式呢?在这种情况下,在提议者中,以9∶1、9.5∶0.5,甚至9.9∶0.1的比例,给回应者极少金额的人数显著增加。这是因为提议者就像独裁者一样独揽

大权。然而，大约有30%的提议者却持不同意见。有相当一部分人提出以8∶2或7∶3的比例进行分配，甚至还有人提出了6∶4和5∶5这样的方案。

通过最后通牒博弈和独裁者博弈,我们最终可以确认的是,人类是努力追求自身利益最大化的经济人,但同时也是重视分配比例平等的社会人。这是决定看待社会问题框架的一个因素。

人们不自觉地做出自私或理性的选择是有原因的。从各位熟知的博弈理论来看,囚徒困境中最好的策略便是背叛。但是当囚徒困境一遍又一遍地重复时,情况就不同了。如果我选择背叛,短时间内就能获得眼前的利益,但下次就要做好被对方报复的准备。因为对方会采取所谓的"以牙还牙,以眼还眼"策略。因此,如果囚徒困境反复上演,合作将会成为最佳策略,因为它会产生比背叛更大的利益,这称为"互惠"。

互惠源于人类长期共同生活的过程。除了眼前的利益,人们也会在一定程度上关心、体贴对方。例如,在车道较窄的地方,如果想要先走的话,到头来谁都动不了。在电影院里因为看不清屏幕而争先恐后起身的话,坐在后面的人就得站起来观看。随着这种经验的积累,人们在进入狭窄的车道时,就会互相避让、顺序通过,在电影院里人们也会考虑自己起身观影是否会给后面的人带来不便。

> **"囚徒困境"**
> 是1950年美国兰德公司的梅里尔·弗勒德(Merrill Flood)和梅尔文·德雷希尔(Melvin Dresher)拟定的关于困境的理论,后来由顾问艾伯特·塔克(Albert Tucker)重新阐述,并命名为"囚徒困境",内容如下:两个共谋犯罪的人被关入监狱,不能互相沟通情况,如果二人都认罪,那么就会处以较轻的刑罚;如果两个人都不揭发对方,则由于证据不确定会被判无罪;若一人认罪,而另一人沉默,则认罪的人会因为立功而立即获释,否认的人则会被处以重刑。这时,虽然否认一切罪行是最好的选择,但由于囚徒无法信任对方,因此倾向于互相揭发,而不是同守沉默。

第五章　内心思维的框架:框架效应　◆　221

进化生物学将人类的这一行为特征解释为利己心和利他心相互影响、共同演化的结果。人类在一生中无数次地认识到，在社会生活过程中，不能只为自己一个人谋取利益。因此，人性的互惠原则、利己心和利他心协同进化，形成了不同于个人偏好的社会偏好。

体验的自我 vs 记忆的自我

自18世纪功利主义哲学家杰里米·边沁（Jeremy Bentham）的理论出现以来，效用就成为经济学中不可分割的一个概念。人们甚至将效用称为"经济学家们永恒的伴侣"。边沁的名著《道德与立法原理导论》(*The Principles of Morals and Legislation*)一书则曾以下面这句名言开头：

"自然将人类置于两个主权者——痛苦与快乐的管治之下。此两者指出我应该做什么，将会做什么。对错标准、因果关系，皆紧扣于两者之宝座……此两者管治一切我等所做、所言、所思：一切我等可做之气力，力图摆脱受到此两者管治，都将表明证实此点。"

> **功利主义**
> 即效益主义。该主义认为，人应该能做出"达到最大善"的行为，最大善的计算是基于此行为所涉及的每个个体苦乐感觉的总和，每个个体的感受都被视为具有相同分量，且快乐与痛苦是能够换算的，痛苦仅是"负的快乐"。不同于一般的伦理学说，功利主义不考虑个人行为的动机与手段，仅考虑行为的结果对快乐值的影响。能增加快乐值的就是善，反之则为恶。

从实际经验中获得的痛苦和快乐就是效用本身。边沁在该书的脚注里向读者道歉，表示自己无法找到更好、更合适的单词，所以将效用一词用于描述这些经验。用效用一词来概括，可能在概念上给人一种不自然的感觉。

在过去的100年里，经济学家们一直使用效用一词来表示"想要某物的能力"之意。这种意义上的效用仅适用于理性的判断与选择，而无法用来描述边沁所说的"效用来源于享乐主义经验"这一主题。所以，卡尼曼把从享乐主义经验中衍生出的效用称为"体验效用"，而把应用于决策阶段的效用称为"决策效用"。

长期以来，卡尼曼一直对体验效用与决策效用的区别很感兴趣。我和特沃斯基在研究展望理论时开发了一道智力竞赛题。我们来想象一下，如果有一个人每天都需要接受注射，而且这种注射令人感到十分痛苦。如果将注射次数由6剂减少至4剂，或者由20剂减少至18剂，请问这两种方式的价值和强度是不是一样呢？

结果十分明显。任何人都希望将痛苦的注射次数减少三分之一（6剂→4剂），而不是十分之一（20剂→18剂）。从6剂减少至4剂时，避免两次注射的决策效用明显高于从20剂减少到18剂时的决策效用。根据主流经济学的效用理论，从经验中获得的体验效用应该与决策阶段的判断标准——决策效用相同才行。

然而，体验效用并不能直接转化为决策效用。人们会根据自己的记忆重新评估他们的经历。正如上一节提到的患者对大肠内窥镜检查的痛苦记忆一样，每个人都对经历的记忆方法不同，这具体取决于峰终效应和过程时间忽视等偏差。像这样，在脑海中对体验效用的再加工称为"记忆效用"。最终，人们的选择是在记忆效用的基础上做出的，而记忆效用是从过去经验中获得的体验效用加工而成的。我们对效用理论的重新分类被视为对主流经济学"理性"这一前提的挑战。但我认为，人类总是可以正确地掌握自己所经历的效用，并以此为基础做出决策的这一假设并不成立。

人类对效用的不同看法是由内心的两个自我造成的。一个是"体验的自我"，指感受当下事情的同时，享受快乐，避免痛苦；而另一个则是"记忆的自我"，即回想并评价自己的经历。这与之前介绍的系统1和系统2属于不同范畴的概念。"体验的自我"中的过程时间忽视和峰终效应等偏差源于系统1，而"记忆的自我"则由系统2创建产生。虽然我们自己觉得过程时间十分重要，但我们的记忆却不以为然。

以上一节的案例为例,两个自我会从两个不同的角度来看待患者在做大肠内窥镜检查时所感受的痛苦。"体验的自我"会回答"现在痛不痛"这样的问题,而"记忆的自我"则会对"整个过程怎么样"这一问题进行评价。"记忆的自我"偶尔会出错,但它会评价体验效用并为其打分,使我们能够主导和支配我们在生活中学到的东西,并做出决策。

为了展示"记忆的自我"的决策能力,卡尼曼和一位同事进行了一项实验。实验参与者分别两次将手浸入冷水中,间隔7分钟。第一次实验时将手放入14摄氏度的冷水中浸泡1分钟,这时的水温虽然比较冷,但不是无法忍受的温度。第二次实验时将手放在冷水中浸泡1分30秒,第一分钟与第一次实验完全一样，剩下的30秒内，加入一定量的温水，使水温上升1摄氏度左右。

第三次实验则给了参与者选择权。我们让参与者从前两次实验中选择其中一个再次参加。根据峰终效应，我们预计人们对时间较短的实验的记忆力差，对时间较长的实验的记忆力好，根据过程时间忽视规则，人们会忽略1分钟和1分30秒这两段痛苦时间的差异。同样，80%的参与者选择了时间较长的实验。虽然过程很痛苦，但人们还是愿意再忍受30秒。

如果提前询问参与者他们愿意将手放在冷水中浸泡1分钟还是1分30秒，所有人应该都会选择1分钟。但是，在没有事先提问的情况下，要求参与者仅凭自己的经验进行选择时，大多数人都选择了时间较长的实验。从"体验的自我"这一角度来看,时间较长的实验明显更加痛苦,但"记忆的自我"却选择了时间较长但结局较好的这个选项。

经验与记忆之间的混淆导致了强大的认知错觉,这种困惑使我们相信过去的经验一团糟。这样,"体验的自我"没有了发言权,而"记忆的自我"则强制性地支配我们的选择。

加利福尼亚的居民更幸福吗

卡尼曼对关于生活质量与幸福的研究也有兴趣。虽然幸福是每个人都在讨论的话题,但也有很多人会误判自己的幸福是什么,以及从何处获得幸福感。通常,当我们全面地评价自己的生活时,目前所关注的某些重要领域会占据很大一部分。这种心理现象被称为"聚焦错觉"。当人们被问及有关幸福的问题时,也许并没有对人生进行慎重地评价。系统1可以很轻易地调动启发式,用整体来代替小部分的幸福。

卡尼曼和同事戴维·施卡德(David Schkade)分别针对来自加利福尼亚、俄亥俄和密歇根等中西部地区的大学生进行了一项实验。

(1)加利福尼亚州的居民比其他州的居民幸福吗?

(2)大众感觉加州居民相对比较幸福的根据是什么?

实验结果表明,加州和中西部地区大学生对人生的满意度几乎没有差异。然而,他们对气候的态度却截然不同。加州大学生喜欢加州温暖、阳光明媚的气候，而中西部地区的大学生则十分讨厌当地夏天炎热、冬天寒冷的气候。当然，气候不能决定一个人的幸福。但我们发现，人们会误认为气候温和的加州居民更加幸福。之所以会出现这样的聚焦错觉，是因为我们过于重视气候，而忽略了能够决定幸福的其他所有变量。

在没有孩子的夫妻眼里，膝下有子女的夫妻看起来是无比幸福的。但反过来，对于有孩子的一些夫妻来说，"无子无忧"才是最令人羡慕的。韩国人去济州岛旅游时，常常说想住在那里。因为无论走到哪里，都能看到蔚蓝的大海和美丽的大自然。但济州岛居民却相当羡慕住在陆地上（朝鲜半岛）的居民。因为济州岛四面八方都被大海阻挡，这样的环境没有给他们带来幸福感。所以，聚焦错觉不仅会让我们误判自己当前的幸福状态，还会让我们对他人的幸福和自己未来的幸福做出错误的判断。

幸福可以最大限度地发挥效用。但是，由

于体验效用和记忆效用不一致，人们很难搞清楚是什么最大限度地发挥了效用。应该说，人们根本无法知道。在主流经济学中，经济人总是为了做出最佳选择而东奔西走。例如，经济人只有在仔细阅读合同上的所有内容后才会签字，但一般人是不会这样做的。比起长时间和适度的幸福，人类更喜欢短时间内轰轰烈烈的幸福。如果经济学忽视人类的这种本性，只假设经济人的理性行为，就很难正确地看待这个世界。

心理学家巴里·施瓦茨（Barry Schwartz）在其《选择的悖论：用心理学解读人的经济行为》（*The Paradox of Choice: Why More Is Less*）一书中，将人分为最大化者（maximizer）和满足者（satisfier）两种类型。如果人们都像经济人一样，分析所有的备选方案和信息后，一味地追求最佳选项，是绝对无法得到幸福的。当最大化者做出选择，随之而来的一定是遗憾和后悔。因为你永远不知道何时何地又会出现更好的对策。所以，施瓦茨提出的观点是做一个满足者。满足者知道永远不可能会有最好的选择，所以不会忙于找寻更好的选择，而是满足于当下的选择。幸福是主观的，并且是相对的，因此对选择的满意度必然也是相对的。接受这一事实后，人生是不是变得更加幸福呢？

目前为止，卡尼曼好像一直在解释人类是一种多么松懈不堪的生物。但需要明确和肯定的是，人类从本质上是追求合理且理性的。但是，这种理性也是存在一些缺陷的，经常会在不知不觉中误入歧途，追随错误的道理。如果人类能够承认自己在理性上存在缺陷，那么世界可能会变得更加美好。所以，卡尼曼希望其研究能够帮助大家认识到自己的问题所在，从而创造一个更加美好的世界。

扩展知识

得铜牌比银牌更幸福

放眼奥运会领奖台,获得铜牌的运动员们喜笑颜开,而获得银牌的运动员们则多少显得有点闷闷不乐。明明银牌的成绩比铜牌好,为什么会出现这样的结果呢?其实区别便在于绝对结果是好还是坏。银牌得主本可以冲刺拿到金牌,可惜在决赛中输了。但铜牌得主是在第三名和第四名的比赛中获胜选出的,对比起来算是一个不错的结局。

美国康奈尔大学（Cornell University）心理学系一个研究小组以1992年巴塞罗那奥运会23名银牌得主和18名铜牌得主为研究对象，研究他们在决出奖牌一刻的表情，并分析了这些运动员们的心理状态。将悲痛定为0分，将欢喜喜悦定为10分，银牌得主的平均分数为4.8分，而铜牌得主的平均分数为7.1分。这也证明了铜牌得主的幸福感的确要比银牌得主大。

每个人都有属于自己的看待世界的框架。选择也是通过框架进行的。

从首尔到釜山，最快的方法是什么？

当然是和最爱的人一起喽！

框架对人们的选择也会产生巨大的影响。

即使毫无意义，人们也愿意行动。

合理的选择　　　情感

人类在形成社会并生活在其中的过程中意识到，他们不能只顾自己的利益。

如果我们无法做出最佳的选择，那么满足于当前的选择会让我们的生活更加幸福。

结语

心理学与经济学的伟大结合
——行为经济学

本书的所有内容到这里就结束了。看完本书,不知道大家是不是对行为经济学的基本概念有了大致的了解?为了理解本书内容,大家都付出了很多的时间和努力,但可能有大部分人会感到疑惑,以为这是一本关于经济学的书。大家可能会问,通过心理实验发现和探索人类认知系统的漏洞,到底与经济学存在怎样的联系呢?

我们在生活中面临着无数的判断和抉择,

这些判断和抉择从根本上取决于我们的思考和认知。所以，我认为行为经济学是心理学与经济学的伟大结合。

看完这本书，想必很多人会感到震惊，人类怎么会这么容易陷入错误的判断呢？其实，我从来没有完全否认人类的理性。人类在本质上是理性的存在，只是这种理性不是绝对的，而是有限的。为了批判并打破主导了主流经济学数百年的所谓"理性"这一教条，我付出了50多年的研究生涯的努力。

我不否认资本主义经济的有效性本身。然而在现实中，并不存在能够掌握所有信息并做出理性选择的人类，也没有只由自由竞争构成的市场。相反，个人与集体的过度自信和乐观主义往往会成为资本主义的驱动力。这便是

经济危机、金融危机和泡沫经济时有发生的原因。

主流经济学现有的模式必然会遇到瓶颈，达到其极限。随着时间的推移，现实中也会经常发生一些连经济学家也无法解释的现象。所以，我认为当今的经济危机并不是"经济危机"，而应该被视为"经济学危机"。

现在，我们必须克服、修改和完善那些与现实相行甚远的经济学的大前提和理论，行为经济学需要经历更加多元化、更加丰富的研究和验证过程。这样的伟业就交给正在学习经济学的各位了。